第5代　伊藤博文
第6代　松方正義
第7代　伊藤博文
第8代　大隈重信
第9代　山縣有朋
第10代　伊藤博文
第11代　桂　太郎
第12代　西園寺公望
第13代　桂　太郎
第14代　西園寺公望
第15代　桂　太郎
第16代　山本権兵衛
第17代　大隈重信
第18代　寺内正毅
第19代　原　敬
第20代　高橋是清
第21代　加藤友三郎
第22代　山本権兵衛
第23代　清浦奎吾
第24代　加藤高明

第31代　岡田啓介
第32代　廣田弘毅
第33代　林銑十郎
第34代　近衛文麿
第35代　平沼騏一郎
第36代　阿部信行
第37代　米内光政
第38代　近衛文麿
第39代　近衛文麿
第40代　東条英機
第41代　小磯國昭
第42代　鈴木貫太郎

戦　後

第43代　東久邇宮稔彦王
第44代　幣原喜重郎
第45代　吉田　茂
第46代　片山　哲
第47代　芦田　均
第48代　吉田　茂

第55代　石橋湛山
第56代　岸　信介
第57代　岸　信介
第58代　池田勇人
第59代　池田勇人
第60代　池田勇人
第61代　佐藤栄作
第62代　佐藤栄作
第63代　佐藤栄作
第64代　田中角栄
第65代　田中角栄
第66代　三木武夫
第67代　福田赳夫
第68代　大平正芳
第69代　大平正芳
第70代　鈴木善幸
第71代　中曽根康弘
第72代　中曽根康弘
第73代　中曽根康弘
第74代　竹下　登

第81代　村山富市
第82代　橋本龍太郎
第83代　橋本龍太郎
第84代　小渕恵三
第85代　森　喜朗
第86代　森　喜朗
第87代　小泉純一郎
第88代　小泉純一郎
第89代　小泉純一郎
第90代　安倍晋三
第91代　福田康夫
2代　生太郎
由紀夫
直人

素顔の首相と大物政治家

戦後篇

善本社

はじめに

昭和二十年太平洋戦争の敗戦直後、総理大臣に就任したのは東久邇宮だった。それから六十五年を経た現在の菅首相まで日本の政治を担った総理大臣は三十二人を数える。そしてこの間ほぼ一貫して政治の中枢を占めてきたのは昭和三十年に当時の保守二大政党自由党、民主党が合併してできた自由民主党である。自民党政権は昨平成二十一年麻生内閣が総選挙で敗れ退陣するまで半世紀以上続いた（約十カ月間、細川、羽田内閣で野に下った期間があったが……）。

その自由民主党の機関紙「自由新報」に私は平成十七年六月十四日号から十八年三月二十八日号まで「自民党総裁伝」を連載した。とりあげたのは鳩山一郎から小泉純一郎までの十九人で、自民党総裁は即内閣総理大臣だったから首相列伝ということもできよう。ただ小泉以降の安倍、福田、麻生首相は在任期間があまりにも短かったし河野洋平総裁は首相にならなかったので除外した。

自由新報には、このあと「後世に伝えたい政治家」のタイトルで平成二十一年九月から二十二年三月まで歴代総理を支えた大物政治家緒方竹虎、三木武吉、大野伴睦ら二十三人の人物像を書いた。またそれ以外に昭和二十七年の日本の独立達成を中心に七年二カ月間にわたり首相、自由党総裁として政治、外交両面にわたり大きな実績を残した吉田茂を加え一冊にまとめたのが本書である。いずれも私が政治記者として直接取材した人ばかりである。

◎目次

1章 素顔の首相

2章 政権を支えた大物政治家

カバーイラスト　生方　工

1章

素顔の首相

吉田　茂（自由党総裁）

ワンマンは意外に気配りの人

昭和二〇年太平洋戦争で日本が敗れてから六十五年、この間総理大臣になった人物は菅直人まで三十二人を数えるが傑出した一人を選ぶとなると、まず吉田茂の名をあげるのに異論のある人はいないだろう。

吉田茂は七年二カ月余の長期にわたり政権を担当、数々の政治的実績を残した。とくに講和条約を締結し日本の独立を達成したのは大きな功績といえる。

吉田は大学卒後、外交官となり駐英大使、外務次官などを歴任するが、太平洋戦争中近衛元首相らと密かに和平工作を行った。それが時の首相東条英機の知るところとなり昭和二十年憲兵隊に拘束される。だが節をまげなかった。これが幸いし戦後マッカーサー占領軍司令部の信用を得て東久邇内閣、幣原内閣の外相になる。そして昭和二十一年自由党総裁に就任、内閣総理大臣となった。選挙を経ず国会議員でもないものが首相になったのは吉田が最後である。

吉田は首相在任中ワンマンといわれ一般には傲慢な人物と言われていたが、実際は細やかな気配りで周囲に各界一流の人物を集め節目節目でこうした人達に相談しながら政治を動かしていた。たとえば外交官出身の吉田は内政が不得意だったので、昭和史に名を留める宰相だった犬養毅（木堂）の盟友、元国会議員の古島一雄になにかと教えを乞うている。古島は戦後鳩山一郎が追放になった時、真っ先にその後釜に名の上がった人物である。ただ古島は老齢を理由に辞退、そこで吉田に御鉢が回ってきたという因縁がある。経済は三井の総帥で近衛内閣の蔵相池田成彬に相談に乗ってもらっていた。「迷ったことがあったら池田さんを訪ね御神籤《おみくじ》をひくことにしていた。人事なども私心なく懇切丁寧に話してくれた」と手記に書いている。

戦後は食糧難の時代だったから農政が重要だった。そこで戦時中農政の大御所的存在だった石黒忠篤に「農林大臣にいい人がいないか」と相談すると東畑精一東大教授を推薦された。吉田はわざわざ東畑の自宅を訪ね大臣就任を要請している。結局断られたが東畑は手記に「玄関に誰か訪ねてきていると聞いて出てみたら吉田総理だった」と書いている。

言論界では朝日新聞の元副社長緒方竹虎と親しく、彼が追放解除になると早速副総理兼官房長官として内閣に迎えている。もう一人評論家の岩淵辰男からもよく意見を聞いていた。戦後の総選挙で社会党が第一党になったが絶対多数でなかったので吉田の自由党に連立をもちかけた。吉田は参加しようとしたが、相談した岩淵から「自分の内閣をつくりたかったら、ここは野党に徹したほうがいい」といわれ思いとどまる。そして次の総選挙で自由党は大勝、単独政権を組織これが七年余の長期政権に繋がった。このように吉田は各界の傑出した人材を周囲に集め辞を低くしてこまめに付き合っていた。

ところで私の新聞記者としてのスタートは時事通信政治部の吉田番だった。国会ではアメをしゃぶりながら話すような、独特の吉田の答弁にメモをはしらせ、米国に占領されていた奄美大島の返還が決まった時「エンミ大島」と何度も言うのを聞いて「島の本当の名を知らないんだな」と思ったのを今も鮮明に覚えている。

週末、吉田は大磯の私邸に帰る。我々記者は吉田邸の門の脇にある製粉屋の二階に内閣記者会として借りていた部屋で門の所を見張り訪問者があると降りて行って「今日は何ですか」などと質問する。この私邸では戦時中先妻をなくした吉田首相が小りんさんという新橋出身の芸者あがりの女性と同居していた。妻として入籍していたというが一度顔を見たいと思いつつも、その機会はなかった。吉田がロンドンの大使時代武官だった辰巳栄一（後に陸軍中将）が防衛問題の相談相手としてよく顔を出していたので様子をきいてみたが「彼女は一緒にいるのに我々の前にはほとんど出てこない。吉田さんが〝おい坂本（小りんさんの本名）お茶持って来い〟と呼び捨てでお茶を持ってこさせることがあるが、彼女はすぐひっこんでしまう。公私のけじめをきちんと決めていましたね」といっていた。

また吉田首相は昔の人だから政治的に一つ山を越えると一杯飲みたくなるらしい。例えば国会が予算審議で二日も三日も徹夜が続いたあげく深夜やっと予算をあげたときなど「これから山口（新橋の料亭）にいって飲もう」といって秘書官達を新橋の行きつけの料亭に連れていく。親しくしていた松井主席秘書官から「こっちは早く帰って寝たいけど、ご本人はなじみの芸者が来るとものすごく楽しそうにやっている。しかし来るのは皆パパア芸者ばかり。私たちは面白くもなんともないが吉田さんはそれが楽しいんでしょうなあ」と打ち明けられたことがある。昭和四十二年、神奈川県大磯の私邸で没。八十九歳。

鳩山一郎（自由民主党初代総裁）

僕は国会が好きなんだよ

鳩山一郎は昭和二十一年五月四日、組閣工作を行っている最中に、突如、占領軍総司令部の公職追放令で政治活動を禁止された。以後、五年間の雌伏を余儀なくされる。昭和二十六年五月、やっと追放解除になったが、その二カ月前、脳溢血で倒れてしまう。生命は取り留めたものの、政治家として致命傷とも思える左半身不随の身となった。

だが彼は懸命にリハビリと取り組んだ。その頃筆者は、時折東京音羽の高台にある鳩山邸を訪ねた。記者をほとんど寄せつけなかった前任者の吉田茂と違って鳩山は実に気さくだった。もっとも彼も若い頃は、有名な暴れん坊で本会議場では盛んにヤジを飛ばし、隻脚《せっきゃく》の大隈重信首相が演説中、演壇に駆け上がって片足をつかまえ引きずり降ろそうとしたこともあった。斉藤内閣の文相時代、閣議で同僚をぶん殴るといきまき首相を困らせている。だが、病気をしてからは人が変わったように穏やかになった。杖を頼りに広い庭を散歩しながら「今日は何百歩歩いたよ。昨日より何十歩多かった」などと明るい表情で語った。そんな鳩山をみていると、これだけ努力しているのだから総理にしてあげたいなあ、と思うようになった。鳩山には、今日の政治家にみられない不思議な魅力があった。

やがて昭和二十七年八月、吉田内閣の抜き打ち解散で政界復帰を果たす。だが要職についているわけでないから、国会では埃《ほこり》っぽい控室の隅っこで、よく軍師と頼む三木武吉とヘボ将棋を指していた。

夕方になると議員食堂から鍋焼きうどんをとって食べる。彼の周辺はいつも庶民的な雰囲気が漂っていた。昭和二十九年十二月吉田内閣が退陣し、野党民主党を率いる鳩山が首相に就任した。国会で首班指名を受けた鳩山が首相官邸に到着すると、テント村の記者達から歓声が上がった。前代未聞のことだった。

首相になった鳩山は大臣公邸、護衛の廃止、公務員のゴルフ、麻雀禁止などを次々と打ち出し吉田政治との違いをアピールした。彼はまた、出席要求もないのによく官邸を出て国会に行った。「なぜ国会に？」と問う記者に「僕は国会が好きなんだよ」と笑って答えた。

組閣二カ月後の三十年二月、各党との約束通り解散総選挙を実施した。鳩山はステッキを支えに地方遊説に出たが、どの会場も彼を一目見ようとする聴衆で溢《あふ》れかえった。選挙は民主党が鳩山ブームにのって、自由党を大きく引き離し第一党になった。

その年の十一月十五日、保守合同が実現し戦後最大の自由民主党が誕生した。首相は鳩山がそのまま続けたが、総裁は当初鳩山ら四人の代行制でスタート。翌年早々、ライバルとみられていた緒方竹虎が急逝したため鳩山が初代総裁に就任した。

鳩山が首相として残した最大の業績は、日ソ共同宣言で両国の戦争状態を終結、国交回復を実現したことである。このため彼は直行便も、北回り便もなかった当時、不自由な体で五日間かけ南回りでモスクワ入りした。宿舎のスピリドノフ迎賓館では、屈強のロシア人が鳩山を車椅子ごと二階まで担ぎ上げた。

鳩山はブルガーニン首相とのトップ会談で、両国間の諸懸案の合意にこぎ着け十月十九日クレムリンで日ソ共同宣言に調印した。この結果、同年十二月には日本の国連加盟も実現した。鳩山はこれを花道に、二年余にわたる政権の座から降りた。

石橋　湛山（第二代総裁）
何事も運命だよ

昔、宮澤元首相に歴代首相の評価を聞いたことがある。そのとき宮澤は「一番惜しいと思うのは石橋内閣が短命だったこと。あの人がもう少し長く首相をやっていたら、日本の政治はもっとよくなっていたと思う」と語った。

確かに石橋内閣は国民各層から大きな期待が寄せられていた。

石橋は戦前から経済理論家として名を成し、しかも軍部の圧力に屈することなく自由主義の立場を貫いた。その一方、日本の敗戦を見越し同志たちと戦後の復興策を話し合う会をつくった。すでに「戦後の日本は四つの島に限定される」とのヤルタ協定が発表されていて「大きな人口を抱えた日本が、四つの島で復興するのは不可能」との悲観論が大勢を占めた。

だが、石橋だけは「日本は四つの島で十分やっていける。軍事費や植民地経費が不要になるのだから、世界の経済大国になるのも夢ではない」と述べた。事実、日本は石橋の言うとおりになった。その反軍閥、自由主義者の石橋が占領軍ににらまれ、吉田内閣の蔵相時代、追放令で政治活動を禁止されてしまう。蔵相として進駐軍が使用するゴルフ場の用地代まで含まれていた膨大な終戦処理費の削減を要求したことが、占領政策批判とみなされ追放の原因になったといわれている。

昭和二十六年鳩山と前後して追放解除、二十七年の総選挙で政界に復帰、鳩山内閣で通産相に就任した。

このあと三十一年、鳩山退陣に伴う自民党総裁選で一位の岸信介が過半数に達しなかったため二位の石橋は、三位の石井光次郎と二、三位連合を組み七票差で逆転、総裁の座に就いた。

十二月二十三日、石橋内閣が成立、彼は早期解散、総選挙を目指し、早速、全国遊説を開始した。三十二年一月八日、東京で第一声を上げ①国会運営の正常化②政界および官界の綱紀粛正——など、五つの誓いを明らかにし、同時に「民主政治は皆さんのご機嫌をとる政治になるが、私は皆さんの嫌がることをするかもしれないからそのつもりでいてもらいたい」と語った。この率直さが国民からは好評だった。

筆者はその前後、石橋に会うため古ぼけた東洋経済のビルによく通った。彼は明るく開放的で「吉田（茂）は人間じゃない」などと、思ったことを他人の悪口でも平気で言う。それがよく新聞に出たがあまり気にもしていなかった。

石橋は一月三十日国会を再開、三十一日施政方針演説、翌日、各党代表質問の直後、解散の予定で準備を進めていた。彼もその周辺もこの選挙は圧勝すると確信していた。

一月二十三日、石橋は母校早稲田大学の総理就任祝賀会に出席した。寒い日だったのに彼だけはオーバーを着ずに演説し長時間立っていた。そのため風邪をひいて肺炎になり言語障害を起こしてしまう。一月三十日、医師団の診察で「なお二カ月の静養が必要」との結果が出た。

彼は「新内閣の首相として予算審議に一回も出席できないことが明らかになった以上、進退を決すべきと考えた。私の政治的良心に従う」との書簡を岸首相臨時代理と三木幹事長に託し、淡々と首相の座を去っていった。石橋邸から国会に戻ってきた三木幹事長が記者団にこの書簡を読みあげたとき筆者もその場にいた。三木はこのあと「石橋が〝何事も運命だよ〟と言っていた」とつけ加えた。この言葉が今も強く印象に残っている。

岸　信介（第三代総裁）
生涯に三度死を覚悟

世の成功者には運にも恵まれている人物が多い。岸信介も首相になるまでに、いくつもの幸運が後押ししている。

彼は太平洋戦争の末期、新設された広島の中国総監就任を要請された。広島なら郷里の山口県に近いから引き受けると答えた。だがその直前に別の人物が決まった。ところが間もなく広島に原爆が投下され総監になった人物は死亡、岸は命拾いをした。

首相になったのも鳩山一郎首相の後継者と衆目の一致していた緒方竹虎が急死。さらに鳩山の後を継いだ石橋湛山首相も病気でわずか二カ月で退陣。これで一気に岸の出番がやってくるという幸運のたまものだった。

岸の首相としての功績は何といっても日米安保条約改定を実現し日米新時代を築いたことにある。

昭和三十五年、アイゼンハワー大統領が米国大統領として初めて訪日することになった。

日程は六月十九日から五日間で、岸はこれに合わせ国会で審議中の日米新安保条約を批准する段取りをつけていた。だが国会で自然承認が得られる一カ月前の五月十九日、衆議院で自民党が強行採決したため国会は連日〝安保反対〟のデモに包囲されるようになった。

そのとき岸は首相官邸での記者会見で「こんなことでは将来の民主主義は守れない。いま屈したら日本は非常な危険に陥る。認識の違いかもしれないが、私は〝声なき声〟にも耳を傾けなければならないと思う」と言い放った。そして「安保反対というが後楽園の野球場は満員だ」とも。筆者はこの記者会見に出席していたが、目の周りに黒い隈ができ一種の凄味を帯びた表情の中に、岸のテコでも動かぬ決意を見た。以後、あれほど厳しい顔を見せた総理大臣に接したことがない。

しかし、六月十五日、約四千人の学生デモが国会構内に乱入、警察官と激突して女子東大生が圧死した。このため岸は翌十六日アイク訪日の延期を要請せざるを得なくなった。十九日午前零時新安保条約は自然承認されたが、岸は三十万人のデモ隊が取り囲む首相官邸で、実弟の佐藤栄作と二人だけでこの瞬間を迎えた。そして同日午後、臨時閣議で退陣の意向を表明した。

後日、岸から「自分は生涯に死を覚悟したことが三度ある。一度目は戦時中東条英機首相と対決したとき、二度目はA級戦犯として巣鴨刑務所に収監されたとき、三度目は安保国会のときだった」と聞いたことがある。彼は命をかけて政治信念を貫く強靭《きょうじん》な精神の持ち主だった。しかしその一方で、人懐っこい人間味豊かな政治家でもあった。商工省の役人だったころ考課表に「性遊興を好む」と書かれたことがある、とよく話していた。首相在任中も暇な時間ができると東京・東雲にあったゴルフ場にすっ飛んで行って、楽しそうにクラブを振った。待合にも足繁く通った。しかも昨今の政治家と違って世評を気にしたりせず堂々と遊んだ。それでいて妙なスキャンダルには絶対巻き込まれなかった。時代がよかったせいもあるが、やはり人生の達人だったといってよいだろう。

後年ときどきゴルフをご一緒した。「カートに乗ってやるのはゴルフでない。僕は九十歳まで歩いてゴルフをしたい」と言っていたが、残念なことに九十歳で亡くなった時はもうゴルフはできなくなっていた。

池田　勇人（第四代総裁）
日本の爆発的エネルギーを見て下さい

昭和三十五年七月十九日、第一次池田内閣が成立した。直前の自民党総裁選で池田のほか藤山愛一郎、石井光次郎、大野伴睦が立候補（大野は選挙前日降りる）、各陣営とも、それぞれ数億円の金を使ったといわれていた。そこで筆者は総理就任後の初会見で、「総裁選では多額の金がとんだようだが……」と意地悪い質問をしてみた。だが池田は表情も変えず「え？　全く知りませんね」ととぼけた。向こうの方が役者が上と思ったのでそれ以上は追及しなかった。

池田は総裁候補の一人だったから、それまでもよく会って取材していた。そんなとき、彼が得意とする経済問題で疑問点をぶつけると「今夜うちでゆっくり説明しよう」と何度か私邸に誘われた。行くと持論をとうとうと述べ、ムキになって説得しようとする。こんな政治家は当時も今もあまりいない。

首相になってからもたまにだが、自宅に呼ばれ夕食をとりながら自慢話を聞かされた。

一例をあとで紹介するつもりだが、そんなときの池田は稚気満々で好感が持てた。よく聞かされた話の一つに、二日酔いしない〝酒の飲み方〟がある。彼は酒豪で通っていたが、総理になってからは翌日の国会答弁に支障があっては、と自重して飲むようになった。そのために大事なのは飲む順序だといい――最初にビールをコップで二杯、次は日本酒を二～三合、それからウィスキーのハイボール（当時は炭酸割りをこういっていた）を二杯、最後にブランデーで締める――と講釈を垂れながら、君らもこうして飲みなさい、と勧めた。もっとも池田は控えめのつもりでも相当な量である。

彼は首相になる前、「貧乏人は麦を食え」「中小企業の業者が正当な経済活動によらぬことをやって、倒産し自殺するようなことがあってもやむを得ない」などと放言し、大臣辞任に追い込まれている。それでも自説を変えようとしなかった。しかし、総理になると一転「寛容と忍耐」「低姿勢」を強調、「ゴルフと芸者の入る待合には行かない」と宣言し在任中この誓いを守った。世間は池田らしからぬ変貌ぶりに驚いたが、これによって前任の岸内閣末期に安保騒動で起こった国内の混乱は急速に鎮静化した。池田は同時に有名な所得倍増計画を打ち出す。これが豊かさを追い求めていた国民に受けて、池田内閣への追い風となった。彼がこの構想を初めて発表したのは、政権をとる前年三十四年二月である。このとき選挙区の広島で演説し「日本の国民所得はアメリカの八分の一に過ぎず西独の三分の一です。せめて西独ぐらいになりたい。それができるのです。適切な政策を怠らなければ必ず実質所得は二倍、月給が二倍になるのです」と語った。池田は政権をとると早速これを新内閣の政策の柱として打ち出した。やがて日本経済は先進国型構造へと急転換、国際競争力も強まった。四年後の昭和三十九年九月、日本で初めて開催されたＩＭＦ（国際通貨基金）・世界銀行総会で池田は胸を張ってこう演説した。

「ＩＭＦの皆さん、この日本の爆発的エネルギーを見てください。過去十三年間の日本の平均成長率は九％、国民一人当たりの所得は欧米諸国に追いついております」

確かに国民生活は向上し、池田内閣発足後七年の昭和四十二年には、早くも月給が二倍になり、十年の四十五年には二・八倍になった（いずれも佐藤内閣時代）。この画期的高度成長の推進役を果たしたのは池田の所得倍増計画だったといってよいだろう。

外交センスも相当なものだろう

池田は総理になるまで内政、特に経済には強いが外交に弱いというのが定説だった。何しろ語学はからきしダメ。エチケットをエケチットといって物笑いの種になったほどだから、こうした定説が生まれたのも当然だろう。彼はこれをだいぶ気にしていたようだ。総理在任中、私邸を訪ねた際、駐米大使の人事が話題になった。池田は直前に情報として流れていた、元同盟通信編集局長で第一級の国際人といわれていた松本重治の大使起用に触れ、「結局断られたが、彼を大使にしようとしたセンスを買ってほしい。私の外交センスも相当なものだろう」と繰り返した。それを聞きながらやはり〝外交に弱い〟といわれているのを気にしているな、と思った。しかし池田はその弱いといわれていた外交で、結構点数を稼いでいる。なぜそれができたのか。第一に彼は米軍占領中、経済問題で総司令部としばしば折衝していたし、昭和二十五年には吉田首相の特使として講話の瀬踏みにワシントンを訪問、さらに二十八年にもアメリカの再軍備要求に対し、渡米して話し合うなど当時としては結構外交の場数を踏んでいた。またその際、語学に堪能な宮澤喜一（秘書官から参院議員）が終始通訳として補佐したこと、さらに池田の人柄、歯に衣着せぬ率直な発言が各国首脳から反発をかうと思いきや、意外と親近感をもって迎えられたこと――などが考えられる。

訪米してケネディ大統領とヨット上で会談した際、沖縄はまだ占領下で公共建造物への、日の丸掲揚は禁止されていた。それをアメリカ側は一月一日に限り許可すると譲歩。日本側が喜ぶと思ったらしいが、池田は「あなた方はそういうことをいっているから沖縄の民心をつかめないんだ。一月一日にいいものが、他の祝祭日に掲げて悪いという理屈がどこにありますか」と反論、結局すべての祝祭日に掲げてもいいとの合意をとりつけてしまった。

アジア各国訪問の際も、ビルマでは「日本が賠償で支払った発電機で何を作っておられるか。イルミネーションに使っているだけではないか。自分で物を作るようにならなければいけない」。インドでも「砂糖や棉を買ってほしい」との要望に「買いたいが品質が悪い上に価格が高い。国際競争に勝てるようにする必要がある」と。タイで女性大臣から「ぜひまた来て下さい」といわれると、「サリット（首相）にねだられるから嫌だ」と、随員がハッとするような返事をした。だが、各国指導者の反応はどこも悪くなかった。

池田は昭和三十九年七月、筆者がモスクワ特派員として出発する前夜、送別会をしてくれた。直前に総裁三選を果たしたばかりの彼は側近の前尾繁三郎（幹事長）、黒金泰美（官房長官）、大平正芳（外相）、宮澤喜一（経済企画庁長官）らを従え上機嫌だった。普段、病気がちな前尾をつかまえ「この男の頭脳にオレの頑丈な体をつけてやれば鬼に金棒なんだが……」と何度も言った。また、「（前年十一月の）総選挙の応援でノドを痛めたらしく、以来酒がしみて痛い」とも言っていた。そのときは言葉通りと思って気にもとめなかったが、モスクワで本社から「池田はがんだ」との連絡を受けた。送別会をしてくれたとき、すでに彼はがんに侵されていたわけだ。間もなく池田は入院して総理の座を退いた。翌年八月、亡くなったこともモスクワで知った。まだ六十五歳だった。健康を自慢していた池田があっという間に亡くなり、「オレの頑丈な体をやりたい」といわれていた前尾は長生きした。人間の運命はわからぬものだとつくづく思った。

佐藤　栄作（第五代総裁）
年上はどうせ先にいなくなる

佐藤栄作は昭和三十九年十月、がんで入院した池田首相の指名で第五代総裁に就任した。前述の通り岸（第三代総裁）は運のいい政治家だったが、実弟の佐藤もそれに劣らぬ幸運の持ち主だった。彼は終戦前年に、運輸省自動車局長から大阪鉄道管理局長への転勤を命じられた。

この人事は左遷に近く本人も不満だった。だが、そのまま赴任する。これが幸いした。本省の局長に残り次官にでもなっていたら、戦後の公職追放令に引っ掛かり政治家にはなれなかっただろう。

佐藤は「待ちの政治家」といわれた。逆風を受けたときは、大鉄局長時代のようにじっとがまんして次のチャンスを待った。筆者が先輩記者と佐藤を訪れたとき、先輩が「僕はウチの社長ににらまれているので、この先どうしようか迷っている」とこぼした。すると佐藤は「向こうは君より随分年上なんだから、がまんしていたら先にいなくなるじゃないか」と言った。〝待ちの栄作〟らしいなと思った。

佐藤は昭和三十九年七月の総裁選に立候補したが、敗れて池田の三選を許した。この時点で総理総裁の目は当分なくなったと誰もが思った。ところが池田はがんになり総裁選のわずか四カ月後に辞任、後継者に佐藤を指名した。棚ぼたの首相就任だった。総裁選直前の三十九年五月には、「俺の目の黒いうちは栄作は絶対総理にさせない」と公言していた佐藤嫌いの副総裁大野伴睦が亡くなっていた。ライバル河野一郎も翌四十年に死亡した。こうした党内有力者の相次ぐ不幸で佐藤は総理総裁になっただけでなく、七年余の長期にわたり政権の座を占めることができた。

〝待ちの栄作〟はまた、〝早耳の栄作〟ともいわれた。彼は政界の動きに精通し、それで政治を自分の好む方向へ巧みに誘導した。

この貴重な情報源の一つは、連日のように通った料亭である。佐藤時代に副総裁を務めた老練な政治家川島正次郎に「政治とはメシを食うことだよ」と教えられたことがある。佐藤はそれを地でいく感じで料亭での会合を重ねていた。池田と争った総裁選の前夜、佐藤を囲んでときどき集まっていた雑誌編集者や筆者など七、八名の会によもやと思った佐藤が出席した。かつての造船疑獄で、佐藤幹事長に逮捕状が出た際の指揮権発動をめぐる犬養健法相のメモを、文藝春秋が持っていると当時一部で噂されていた。早耳の栄作は、この情報を入手していたらしい。ころ合いをみて週刊文春編集長の隣に座り、ボソッとした声で「つまらんものは出すなよ」と二、三度言った。筆者はたまたま編集長と並んで座っていたので聞こえたのだが、彼はこれを言いたくて総裁選前夜にもかかわらずやって来たのだなと思った。

佐藤は料亭だけでなくいろいろな人物にマメに会っていた。佐藤日記の一部を紹介する。

▽中川俊思君（中川秀直・元党国会対策委員長の岳父）来る。（総裁選への四選出馬）やめるべきだと進言する。言いにくいことを言ってくれたと礼をいう。

▽千葉三郎君＝くどくどとベトナム問題を話す。やはり年は争えぬ。随分くどくなったし独り善がりの点もある。

▽木村武雄君＝党内情勢話していく。あまり関心ないがそうも言えず黙って聞く。

忍耐強く聞いていることがよくわかる。しかし時の権力者に自分の意見を聞いてもらえば、皆うれしくなって応援団になる。佐藤は、その辺の心理もつかんでいたわけだ。

沖縄が返らねば戦後は終わらぬ

七年八カ月に及ぶ長期政権で佐藤が残した特筆すべき功績は、日韓基本条約締結による両国の国交正常化（昭和四十年六月）と、沖縄の施政権返還（四十六年六月調印）である。特に沖縄返還は戦争で失った領土を平和的交渉で回復した、世界の歴史でも稀有な快挙であった。佐藤はこの関連で、日本の政治家として唯一人ノーベル平和賞を受賞している。

もっとも、第二次岸内閣の蔵相時代に南方からの帰途、沖縄に立ち寄った際（昭和三十三年六月）は「沖縄の教育は英語でなく日本語でしたね」と言わずもがなのことをいい、日本の有力閣僚がこの程度の認識かと住民を嘆かせている。しかし昭和四十年八月、首相として初めて訪問したときは、佐藤の沖縄に対する認識も大きく変わっていた。彼は那覇空港で、後に有名となる「沖縄の祖国復帰が実現しない限り、日本の戦後は終わらない」との声明を読み上げ住民を感激させた。

以後、復帰問題に全力をあげて取り組む。そのため正規の外交ルートだけでなく、民間人を密使としてアメリカに派遣、水面下で交渉させるなど、広い人脈を駆使して返還への条件を整えていった。

もっとも筆者は、佐藤が最初に沖縄を訪問した直後、米占領軍から入域を許可され、日本人記者として初めて沖縄に入ったが、現地を見れば見るほど返還実現は容易でないだろうと思っていた。当時米軍は、沖縄をキー・ストーン・オブ・ザ・パシフィックと呼び、極東戦略の最重要拠点にしていた。軍関係施設も急ピッチで拡大しており、これを返すとはとても思えなかった。

しかし佐藤は昭和四十二年十一月、ジョンソン大統領との会談でまず小笠原諸島の返還を決め、沖縄についても両三年以内に合意したいとの日本側の主張を共同声明に盛り込むことに成功した。そして昭和四十七年五月十五日、ついに国民待望の本土復帰が実現したのである。

ところで佐藤は「人事の佐藤」ともいわれ、幅広い情報をもとにソツのない人事を行った。彼はこう言っている。「人間は誰でも欲があり欲のために働く。だから使いやすい」

佐藤政権の両輪となったのは福田赳夫、田中角栄である。彼はポスト佐藤をうかがうこの二人のライバルを交互に幹事長に起用し競わせながら操った。さらにこの二人の周りに保利茂、橋本登美三郎、愛知揆一らを配し、党内基盤を固めて長期政権につなげていった。

彼はまたこの五人のほかに竹下登、橋本龍太郎、小沢一郎、羽田孜ら次の政界の担い手たちを育てた。政治家佐藤栄作の大きな功績の一つといえよう。その間、とくに橋本ら若手に対しては「公私混同をするな」などと具体的に厳しい指導をしている。今どき、こんな領袖《りょうしゅう》はいない。

佐藤は酒は飲めないが大食漢だった。二人きりで話をしていたとき、テーブルの上にあった握りこぶし大のミカンをたて続けに五つも食べたのをみて驚いたことがある。夜の会合でも実によく食べた。甘いものが好きで、家では羊かんは一本食べるのが普通だったという。だがこの食べ過ぎが健康によくなかったのではないだろうか。昭和五十年五月十九日、この日も新橋新喜楽で財界人との会合に出席していた。正面の席に着いたとき、彼は突然隣の福田赳夫の方に倒れかかった。福田によると「重い人は困るな」といいながら座るのを手伝おうとしたがそのまま倒れてしまった。クモ膜下出血だった。四日後病院に移したが、六月三日ついに意識を回復することなく七十四歳で亡くなった。

田中 角栄（第六代総裁）
真夏にスリー・ラウンド四回

田中角栄が脳梗塞《こうそく》で倒れたのは昭和六十年二月だった。その前年の秋に会ったとき「よう！今年の夏はゴルフやったぞ。二十日間に四十ラウンドやった」と話しかけてきた。田中は、このときすでに六十六歳、それが軽井沢とはいえ夏の盛りに一日スリー・ラウンドやった、と聞いていたので「スリー・ラウンドやったそうじゃないですか」と言ったら「実はスリー・ラウンドを四回やった。ヤボ用で（多分ロッキード裁判など？）東京へ出るため、ワン・ラウンドしかできないことが何度かあった。その穴埋めに翌日スリー・ラウンド回ったんだ」と当たり前のように語った。

ここに田中の真骨頂があると思った。

彼は、これをやろうと心に決めたら、何がなんでもその目標を達成しようと努力する。この発想と行動様式は彼の政治活動にも結びつく。田中は戦後の昭和二十二年、総選挙に立候補し二十八歳の若さで当選した。そのとき三十代で閣僚（実際に三十九歳で郵政相）、四十代で幹事長、五十代で総理大臣――という目標をひそかに立てる。そして、これに向かって突進した。そのため時として手段を選ばぬこともあった。

金を使うのが最も有効と判断したら、ためらうことなく思い切って使った。こうして昭和四十七年七月、五十四歳で最終目標である首相の座にたどりついた。

田中は政治的カンの鋭さと大衆性、そして抜群の行動をもち、戦後の政治史にひときわ光彩を放つ存在だった。彼は独特の発想と手法で派閥を拡大し自民党に君臨した。田中政治はよく力の政治といわれる。その力のもとは彼が支配する派閥の所属議員の数であり、数を増やすために豊富な金を使った。

その際、田中が目をつけたのは政界の二世たちである。彼らは親の知名度を利用できたし親ゆずりの地盤と資金源を持っている。

そこで田中は他派閥の政治家でも亡くなると、その息子や娘婿たちをどんどん自派に引き入れ、選挙の面倒をみながら一人前の政治家に育てて所属議員を増やした。

その一方、当選二回で政務次官、三回で政調部会長、五回で閣僚有資格者という年功序列制度を党内に定着させる。これによって誰でも大臣になれる道が開かれた。

その結果、不満があっても我慢していれば閣僚になれると思って、権力者に対し従順になる者が増えていった。田中は、このようにして党内を巧みに統括した。

だが、このため人事の適材適所主義がゆがめられ、党内を無気力にするという大きな弊害も生まれた。

田中政治はダイナミックで分かりやすく大衆受けした。しかし、その半面、政治を腐敗させた張本人との批判も常につきまとった。

ただ高等小学校卒という学歴しかなく閨閥《けいばつ》に頼ることもできない彼が、首相の座にのぼっていくのにもっとも有効だったのはやはり金だったろう。

また田中は、その渡し方もうまかったようだ。これは彼から実際に金をもらった政治家たちから聞いた話だが、田中は金を渡すとき他派閥の領袖のようにくどくどと説教じみたことは一切言わない。恩着せがましい渡し方もしない。席に着くなり「邪魔になるものでもないからとっといてくれ」とパッと渡し、あとは明るい話題で酒を飲む。だからもらった方も負担に思わないで済んだらしい。苦労人の田中は人の心の中を察することができたのだろう。

日本は軍事大国にならない

首相になった田中角栄は施政の基本方針として内政では、すでに発表していた日本列島改造論の延長線上で国土の長期的利用、外交面では中国との国交正常化を打ち出した。

彼は首相就任二カ月後の九月二十五日、早くも北京に飛び毛沢東主席、周恩来首相とのトップ会談を精力的にこなし、中国を唯一の合法政権と決める共同声明に調印して国交を回復させた。この過程で周恩来が、「一八九四年から半世紀にわたる日本軍国主義者の中国侵略によって中国国民はひどい災難を被り、日本人民も大きな被害を受けた」と厳しい口調で語ったのに対し、田中は「わが国が中国国民に多大な迷惑をかけたことについて改めて反省の意を表する」と陳謝した。だが、そのまま引きさがる田中ではない。「あなた方は佐藤内閣のとき、口を開けば日本は軍事大国になると言っていたが、日本は憲法からいっても軍事大国には絶対にならない。以後、日本が軍事大国になるなどと一切言わないで下さい」と反論し、さらに「日本国内の反対派は日中復交ができれば、中国が日本に共産主義を輸出してくるといっている」と述べた。これに対し周が「中国は一度も日本を攻めたことはない。元が攻めてきたと反論されるかもしれないが元は中国ではない」と釈明する一幕もあった。

この日中国交回復によって台湾との外交関係は断たれた。しかし、その後の国際情勢の流れからみて大きな外交成果だったといってよいだろう。

一方、日本列島改造計画の方は、田中が首相になるまではユニークな発想と評価する声が強かった。だが田中政権下では土地が投機によって急騰、一億国民を総不動産屋にしたとの悪評が一気に噴き出した。さらにインフレが進み、いわゆる狂乱物価で日本経済は危機的状況に追い込まれてしまう。そうなると田中が首相になった当初「庶民宰相」「コンピューター付きブルドーザー」「今太閤」とはやし立てたマスコミは、一転田中たたきに走り「金権政治家」と決めつけた。四十九年秋、文藝春秋が「田中角栄研究─その金脈と人脈」「淋しき越山会の女王」の二論文を掲載、これが致命傷となって田中は退陣に追い込まれた（昭和四十九年）。さらにロッキード事件が追い打ちをかける。

ところが田中は酒が好きで首相在任中も午後になると、しばしば官邸を抜け出し砂防会館の事務所にやってきてオールドパーをダブルで二、三杯飲む。なぜ昼間から飲むのか、と聞いたことがあるが「アルコールを飲むと血管が広がるから脳梗塞の予防になる」というのだ。本当にそう信じていたのか、飲むための口実にしていたのかはわからない。

また、田中は異常なほど塩辛いものが好きで、塩鮭はとびきり辛いものを食べたし、鮎は真っ白になるまで塩をふりかけて焼かせた。その上、酒をガブ飲みするのだから体にいいわけがない。昭和六十年、竹下登ら田中派の若手約四十人が創政会を組織した。この反乱にショックを受けた田中は、朝からオールドパーを痛飲するようになる。そして二月二十六日、派閥の閣僚経験者全員を赤坂に集めて大宴会を開いた。この日が誕生日だった竹下のところへ行かせないためだったといわれている。田中は例によってオールドパーの水割りをあおり、歌もうたった。翌二十七日、脳梗塞で倒れる。平成五年七十五歳で亡くなるまで彼が政界に戻ってくることは、ついになかった。

三木　武夫（第七代総裁）
男は三度勝負する

第七代総裁、三木武夫は同じ世代の政治家、特に自民党の他の領袖とはちょっと違った肌合いの人物だった。

昭和二十年代の終わり頃だったと思う。三木に面談を申し込んだら、東京駅のステーションホテルで会おうといわれた。夕方、指定の時刻に行くと取り巻き代議士の一人、高瀬伝と睦子夫人がいてウイスキーを飲んでいた。「今日は女房の誕生日でね。この人の誕生日は、一緒に酒を飲んでやると喜ぶんでそうしているんだ。君も一緒にやろう」という。当時、夫人の誕生日に夫婦で、それもホテルで酒を飲む政治家など見たことがなかった。二人は実に楽しそうだった。適当なところで失礼したが、政治家にも変わった人物がいるもんだと強く印象に残った。その頃の政治家は夜は大抵待合通い。そこが彼らの第二の政治活動の場となり、仲間の政治家や財界人、時としてジャーナリストたちと酒を酌み交わしながら政治を語り合うのが普通だった。三木も待合にはもちろん行ったし馴染みの料亭もあった。ただ食事のあと、クラブに繰り出し楽しそうにダンスをすることもあった。銀座のクラウンというクラブに何度か誘われ踊ったあと、「ここの照明の暗さはちょうどいいね」などと言っていたのを思い出す。

三木は昭和十二年の総選挙に無所属で初当選、十七年の東条翼賛選挙でも非推薦で議席を得、戦前、戦後を通じ連続当選を重ねて、自ら「議会の子」と称していた。

戦後は、国民協同党など小政党に属しながら片山内閣に逓信相として初入閣するなど、巧妙に政界を渡り歩いてバルカン政治家といわれた。保守合同で自民党時代になってからも、小派閥を基盤に独自の路線を歩みそれなりの存在感を示すようになった。昭和四十三年、佐藤首相が総裁三選を目指したとき「男は一度勝負する」といって立候補したが敗退。ついで四十五年にも佐藤四選阻止に立ち上がるがこれも失敗。そして四十七年、佐藤退陣後の総裁選に「男は三度勝負する」といってまたまた立候補する。しかし、僅か六十九票しかとれず田中、福田、大平に続く最下位と惨敗した。

三木が総裁選のたびに訴えたのは官僚政治、金権政治の打破と党の近代化であった。三木は演説がうまく「政治は改革されなければならない」と独特の言い回しで政治の改革を呼びかけた。

ポスト佐藤の田中内閣は強力政権といわれたが金脈問題であっ気なく退陣。後継総裁の選任を任された椎名副総裁が指名したのは三木だった。金権政治と批判された田中に代わり「クリーン」なイメージの三木で国民の信頼を回復しようとしたのである。だが保守傍流の三木は、党内基盤が弱く力で政治を動かすことができない。頼るは世論の支持だった。当時筆者はこんな三木政権を「グライダー内閣」と論評した。「エンジンのない三木内閣は世論を上昇気流に飛び続けるしかない。世論の支持を失えば、たちまち失速して墜落する」というわけだ。その三木が在任中もっとも輝いて見えたのは、仏ランブイエで開催された第一回先進国首脳会議（サミット）に米英仏独伊の五カ国首脳と肩を並べて出席したことであろう。三木は政治資金規正法の強化や独禁法改正など三木らしい政策を実現させようとした。だが事を急ぎすぎて党内の反発をくい「三木おろし」が激しくなる。五十一年、任期満了総選挙で過半数割れの敗北を喫し、その責任をとる形で退陣した。

福田 赳夫（第八代総裁）

さあ働こう

政治家、福田赳夫の真骨頂は反骨精神にあった。

彼は飄々《ひょうひょう》とした外見に似ず、自分の主義主張をあくまで貫き通す強じんな精神力の持ち主だった。

昭和二十七年、政界入りしてからは反吉田（茂元首相）にはじまり、所得倍増計画に反旗を翻して反池田（勇人元首相）、反田中（角栄元首相）と時の権力者に楯突き徹底的に戦った。池田、田中の高度成長路線に対し〝物質万能〟〝消費は美徳〟の考え方にくみすることはできない――と安定成長を唱えて対立した。日本列島改造論を実行したら、世界の石油需要のほとんどを日本だけで消費する計算になる。そんなことをしたら、日本も世界も大混乱だ――と主張した。

周囲の政治家たちの中には〝政権をとるため、たまには妥協したら〟と忠告する者もいたが耳を貸そうとしなかった。

昭和五十一年、多年のライバルだった田中が三木内閣打倒に執念を燃やし、福田擁立に動いたことから思いがけず彼に政権の座が回ってきた。

新内閣のキャッチフレーズは「さあ働こう」だった。彼は造語の名人と定評があり「昭和元禄」「狂乱物価」「出直し改革」など、数多くのキャッチフレーズを残した。

福田政権は日中平和友好条約の調印（五十三年八月十二日）と批准（同年十月二十三日）、またマレーシア、ビルマ（現ミャンマー）、インドネシア、タイ、フィリピンの東南アジア各国を歴訪、日本の援助は「物と金」でなく〝心と心の通い合う〟真の相互信頼関係を築き上げることにあるとの「福田ドクトリン」を打ち出し高い評価を受けた。内政面でも国際収支の改善、不況の克服に成功、政権運営は順調に進んでいるようにみえた。

ところが、内閣成立二年後の総裁選で思わぬ不覚をとる。このときの総裁選から、開かれた政党にするとの名目で全党員・党友による予備選が導入された。立候補したのは福田のほか大平正芳、中曽根康弘、河本敏夫で下馬評では福田優位、中曽根、大平の二位争いといわれた。福田は自信満々で演説の度に「日本の福田」「世界の福田」を繰り返した。これが世間一般に〝威張りすぎ〟と受け取られ票を減らす一因ともなった。だが、予備選の一位間違いなしとみた福田はあくまで強気で「予備選で鮮やかな結果が出たらそれに従うべきだ」と主張した。これが裏目に出て予備選に後れをとった福田は、国会議員による本選挙で巻き返そうにもその口実を失うことになる。

十一月二十六日の投票締め切りまであと一週間という時点で筆者は総理官邸を訪ねた。福田は会うなり「いやー、なかなか大変だ。ＳＯＳを出そうと思っていたところだ」と言った。それまで終始楽観的だった福田もやっと事態の深刻さに気づいたようだった。夕刻で首相執務室の中が薄暗かったせいもあるが、福田の顔色は青白く精気に欠けているように見えた。

結局、田中の強烈なテコ入れを受けた大平に敗れ「天の声も時には変な声を出すこともあるなあ」と言って政権の座を退いた。

十二月六日、大平が国会の首班指名で次期首相に選ばれる日の朝（実際には七日になったが……）私邸を出るとき彼は「総理大臣最後のご出勤だなあ」と言い「今日は働かないよ」と付け加えた。

福田が「さあ働こう」をスローガンに内閣を船出させてから二年後のことだった。

スコアは国家機密

福田赳夫が政治家として残した功績については、いろいろな見方があるが、筆者は政権の座にいたときよりも、その後の約二十年間、地球、人類の抱える問題の解決に情熱を注いだことを高く評価したい。

彼は昭和五十八年にシュミット元西独首相、ワルトハイム元国連事務総長、シャバン・デルマス元仏首相、リー・クアンユー・シンガポール首相ら世界各国の元老クラスのリーダーと語らってOBサミットを組織した。

以後、毎年集まって核軍縮、環境、人口、食料といった地球規模の問題と積極的に取り組み、二十一世紀を展望しつつ数々の貴重な政策指針を示してきた。昭和五十九年には、長らく途絶えていた米ソ首脳会談の開催を求め、それが六十年のレーガン・ゴルバチョフ会談になって冷戦終結につながるなど国際政治の上で大きな役割を果たした。OBサミットは各国代表こそ死亡その他で次々と変わったが（日本も福田のあと宮澤喜一元首相）毎年開催され平成二十二年で第二十八回目を迎えている。

平成七年五月、東京で行われた第十三回OBサミットで福田は、健康を気遣い代理で済ませたらという周囲の声を押し切り車椅子で登壇した。そして約二十分間にわたり「世界と人類の未来」を語り「二十一世紀に向かって急激な人口の増加や食料不足、地球環境の悪化などが心配だ。私はこれで退くが、しっかりやってほしい」とあいさつした。これが彼の公の場に残した最後の声になった。

福田はこの年、九十歳の誕生日を迎えて発刊した「回顧九十年」の中で次のように述べている。「人間はこの世で享けた資質を伸ばし、全力を貯えて世のため他人のため社会公共のため奉仕しなければならない。その奉仕の多寡がその人の価値を計る基準の大きな一つである。これが私の人生哲学だ」

私生活では別荘、ゴルフ会員権を持たぬ主義でこれを押し通し勤倹を信条とした。しかし、それを硬直的に誇示するというのではなく、さり気なく実行した。

福田が佐藤内閣で大蔵大臣に指名され首相官邸から古巣の大蔵省に到着したとき運転手が一際高く警笛を鳴らした。すると控室にいた運転手たちが一斉に飛び出してきて迎えた。彼が大蔵省秘書課長時代に運転手を「雇員」から「大蔵技官」にするため骨折ったことを皆が知っていたからだ。彼は運転手のような日の当たらないところにいる人たちに人気があった。

ゴルフも好きだった。

性格そのまま、力まず自然体でプレーした。

よく夫人とおしどりでコースを回っていたが、ロンドン仕込みを自慢していたわりに腕前の方は大したことなく、ドライバーなど夫人の方がはるかによく飛ぶ。

「奥さんの方がうまいですね」というと「いや、アプローチとパットで締めるところはちゃんと締めているんだ」と負け惜しみが返ってくる。

「スコアは？」と聞くと「国家機密」といってはぐらかされた。

田中角さんはセッカチで前がつかえていてもどんどん打ってくることが多かった。「お先にどうぞ」というと「やー、どうも」とかいってセカセカとパスして行く。だから一日スリーラウンドも回れたのだが、福田は茶店に一組、二組たまっているときも居合わせたプレーヤーたちに「何か飲みものでもどうですか」と気さくに声をかけ、彼らとの会話を楽しみながら順番を待っていた。こんなところも田中とは対照的だった。

大平　正芳（第九代総裁）

山上山あり山幾層

ある政治家の朝食会で当時幹事長だった大平正芳が、こう語ったのを覚えている。

「人生は〝山上山あり山幾層〟とよくいわれます。政治も同じで目の前の山をやっと越えたと思ったら、その先にもっと険しい山がある。それを一つずつ越えて難題を解決していくのが政治だと思います」

後日、浜口雄幸（元首相）が書いた「随感録」を読んでいたら文中に桂太郎（明治の首相）から聞いたという次のような教訓が紹介されていた。

「人生は山又山の連続である。その山は前方に進むに随って益々険峻である。一つの山を越えたと思うと今越えたより遙かに高い山がそそり立っている。少しも休む暇とてない」

このとき初めて大平が講演の中で言った〝山上山あり山幾層〟という言葉が、浜口雄幸の随感録からとったものであることを知った。

大平は本を読むのが好きだった。暇があるとよく本屋をのぞいていた。彼はもっとも学識豊かな政治家の一人だったと筆者は思っている。だから彼の演説は「アー、ウー」と間延びがして決して雄弁とはいえなかったが内容は含蓄に富んでいた。彼はその読書について次のように述べている。「読書の効用は文章の彫琢練磨《ちょうたくれんま》にあるのではなく、自らの生行実践の光明を見出すものである」（昭和四十年「私と読書」）

さて大平が首相の座にいたのは昭和五十三年十二月から五十五年六月までの約一年半に過ぎない。しかし、その間に彼はカーター米大統領との信頼関係を深め、日米間の絆をより強固なものにした。世界の中で米国が一人勝ちという現在と違って、当時は米ソが激しく対立する東西冷戦の真っただ中にあった。見方によっては米国の外交面での力に陰りさえ見えはじめた時だったが、大平は折にふれカーターを励まし米国を助けた。

米国がイランの米国大使館人質事件で救出作戦に失敗するという失態をおかしたとき大平はすかさず「日本は同盟国として米国に対する支援を惜しまない」と力強い支持を表明した。

また、ソ連のアフガニスタン武力介入に対しても米国に同調し対ソ輸出規制の強化を打ち出し、同時にモスクワ・オリンピックへの選手派遣を中止するなど終始米国との同一歩調を取り続けた。

苦しいときに率先して米国を支持してくれた大平に対してカーターは心から感謝し一層信頼感を寄せるようになった。その背景にカーターが大平の政治家としての識見を高く評価していたという事実があった。

筆者が昭和五十五年春、ある国際会議でワシントンに滞在中、大平が首相として米国を訪問しカーター大統領との会談を行った。

大平を迎えたワシントンの空気は終始好意的だった。

大平は、そこから急きょ予定を変更し、亡くなったチトー・ユーゴ大統領の葬儀に列席するためメキシコ、カナダ両国首脳との会談をこなしたあと欧州へ向かった。

そのとき、日本から米大陸そして欧州と強行軍で大変だなあ、疲れなければいいがと思った。やはり無理がたたったのだろう。帰国後間もなく始まった衆参同日選挙の初日に倒れてしまった。

結婚記念日には花を

昭和二十年八月、終戦直後の東久邇内閣で大平は宮澤喜一（のち首相）とともに津島寿一大蔵大臣の秘書官になった。

東京は一面焼土と化し、大蔵大臣官邸も焼失したため旧満鉄が所有していた建物を官邸として借りていた。大平の何回忌かで宮澤があいさつした際、そこでの大平との思い出を次のように語った。「大臣官邸の庭の芝生に座ると（前面すべて焼け野原で）芝浦の方から海まで見渡せた。そのとき大平さんが海を眺めながら〝日本は何もなくなってしまったなあ。（復興のため）何かをカタに金を借りるにしてもカタにするものがほとんどない。ただ日本の鉄道だけはちゃんと動いているけどどうだろう〟と言ったのを覚えている」

戦災にあった東京の街を見ながら大平の胸中に去来したのは「どうしたら日本を復興させることができるだろうか」との思いだったのではないか……。

ところが大平は子供のとき四国の中農の家に育った。明治末期から大正初期のその頃の農家では、普段は一汁一菜に麦飯というつましい暮らしをしていたところが多かったようだ。

彼は後年、大蔵省のエリート官僚から政界に出て要職を歴任、首相にまで上りつめたが、子供のときの質素な生活習慣を変えなかった。首相になってからも自宅で使っていない部屋に電灯がともっていると「もったいない」「もったいない」と言いながら消して回った。ぜいたくな料理より焼き芋が好物で料亭の外で「ヤキイモ」の声がするとそわそわしだす。よく仲居さんに買ってきてもらいおいしそうに食べていた。下戸で酒は飲まなかったが歌はうたった。演歌を好みフランク永井が歌った吉田正作曲の「夜霧の第二国道」を車の中で口ずさんでいたという。

振り返って、大平としばしば会うようになったのは彼が池田内閣の官房長官、筆者が首相官邸キャップの頃からだ。その頃、後輩記者が結婚することになり大平に仲人を頼み、筆者が披露宴の司会をしたことがある。以来、結婚披露宴で大平の祝辞を時折聞いたが相変わらずの〝アーウー調〟ながら、ユーモアもあって結構うまかった。印象に残っているのを一つ。

「この間、出がけに女房が〝今日は何の日ですかね〟というので〝さあ〟と返事をすると〝私たちももうおしまいね〟と言われた。あとで結婚記念日だったことに気付き、その日は女房に花を買って帰った。〝花と大平正芳〟なんて洒落にもならないが、新郎は結婚記念日には忘れずに花を買って奥さんにあげなさい……」

さて、五十三年十二月総裁に選ばれた大平は「政治が甘い幻想を国民にまき散らすことをつつしまねばならぬ」と政権運営への姿勢と意欲を語ったが、現実には自民党の派閥抗争が激化し厳しい局面に立たされ続けた。五十四年十月の総選挙では無所属十人を入党させて、どうにか過半数に達するという結果を受けて〝四十日抗争〟となり、首班選挙で反主流派から福田赳夫が立候補、大平は決選投票でやっと首相になることができた。半年後の五十五年五月、今度は野党提出の内閣不信任案に反主流派が同調可決されてしまう。大平は即座に衆院を解散し、憲政史上初めての衆参同日選挙となる。五月三十日、彼は新宿で選挙戦の第一声を上げた。だがひどく疲れた様子だった。さらに横浜で四カ所遊説、夕刻私邸に帰り医師の診断を受けると心筋梗塞の疑いがあるという。同夜入院、投票日十日前の六月十二日急逝した。ただ選挙は大平への同情票もあって自民党が圧勝した。

鈴木　善幸（第十代総裁）
天国ですなあ

昭和五十五年七月、選挙中に急死した大平首相の後を受けて鈴木善幸が首相に就任した。そのとき党の内外から「ゼンコー・フー（ＷＨＯ）？」「暗愚の帝王」「行司が褌《ふんどし》をつけて土俵にあがったと思ったら、あれよあれよという間に横綱になってしまった」……等々、さまざまな悪意に満ちた言葉が彼に浴びせられた。

だが鈴木は「和の政治」「全員野球」をスローガンに掲げ、派閥抗争に明け暮れてきた党内を見事に鎮静化させた。敵の少ない人柄に加え、総務会長九回という実績が示すように余人の真似できない調整能力を持っていたからだ。その一方で、土光敏夫経団連会長を引っぱり出し、第二臨調をつくって行革をスタートさせた。

鈴木内閣で行政管理庁長官を務めた中曽根康弘が後継首相として引き継ぎ、国鉄民営化などを実現させている。また、銭酷区といわれた参議院全国区を比例代表制にする公選法も成立させた。

ところで鈴木は日韓国交正常化を実現させた陰の功労者の一人である。彼は池田政権の副幹事長だった昭和三十八年から同三十九年にかけこの問題と精力的に取り組んだ。当時、正常化で最大の障害になっていたのは李承晩ライン問題だった。鈴木は朴正熙大統領の密命を帯びて度々来日していた、張基栄韓国日報社長（のち副総理）と東京で秘かに会談を重ねた。筆者は両氏をよく知っていたので双方の要請で会談のたびに立ち会ったが、鈴木はもともと水産界出身だったから日本側の交渉担当者としては打ってつけだった。ようやく解決の曙光が見えはじめたとき韓国側の事情で交渉は中断。結局、池田の後を継いだ佐藤内閣時代に交渉再開、妥結の運びとなった。事の経緯を知る筆者は、鈴木こそ日韓正常化で最初に井戸を掘った一人だと思っている。しかし、その後さまざまな人物が功労者として脚光を浴びたにもかかわらず、彼の名が出たことは一度もなかった。筆者は〝なぜ黙っているのか〟と聞いたことがある。すると、鈴木は「私の役割はあくまで裏の交渉だったからだ」と淡々とした口調で語った。自己顕示欲の塊みたいな者が多い政界で彼は珍しい存在だった。

ゴルフもよくやった。終わるとクラブハウスで一杯を楽しむ。几帳面な彼はこのときの酒量も決まっていた。まずビールを二本、そのあと小さなすき焼き鍋をつつきながら日本酒を二本飲む。そして車に乗るとナイターの野球中継を聞きながら「天国ですなあ」とよく言った。ゴルフの疲れをアルコールで癒し、心地よく酔って半分眠りながらナイターを聞いていると、ささやかな庶民の感覚として「これは天国だ」との実感があった。そういえば東京・世田谷の鈴木家も一度や二度行ったのでは覚えられないような路地の奥にあり質素な木造建てだった。

五十七年十月、再選が確実視されるなか突然不出馬を表明、政権の座を降りた。なぜ辞めたのか、本人はこういっている。「総裁選で私の続投が党内の大勢と報じられた。その通りだったかもしれない。しかし〝和の政治〟を掲げた私だ。ほんの一部でも党内に異論があり（確かに岸元首相らから鈴木再選反対の声が出ていた）公選で争う事態になったら私の信条に反する」

鈴木は辞任後、宮澤喜一を交えマンスフィールド駐日米大使と会食した。その際同大使から「『政治家は権力を求めて行動するが極く稀《まれ》に権力の方が人を求めることがある。貴方《あなた》の場合はそれだ』と言われた」とうれしそうに話していた。政治家として最高の満足感を味わったひとときだったのではないか。

中曽根康弘（第十一代総裁）
〝オッチョンジー〟が役に立ったよ

中曽根康弘は首相になるまで、よく「富士山政治家」といわれた。遠くから眺めると姿、形はきれいだが、近くにいくとゴツゴツした岩山にすぎない——というわけだ。

また目先の利害で動く〝風見鶏〟とも批判されていた。確かに佐藤内閣が発足した頃は「右翼片肺飛行」と痛烈に批判していたのに、しばらくすると佐藤寄りに舵を切り替え、昭和四十二年には運輸相、四十五年には防衛庁長官として入閣してしまった。この変わり身の早さが評判になると「犬の遠吠えでは政治は動かない。刀の切っ先が届く範囲内にいなければ相手は斬れない」と言い訳をしていたが、その頃から〝節操がない〟〝風見鶏〟といわれるようになった。

さらに、中曽根内閣発足当初も組閣人事など闇将軍といわれていた田中角栄のいいなりになっていると「角影内閣」「直角内閣」「田中曽根内閣」の異名をつけられ世評はかんばしくなかった。

だが、やがて彼を評価する別の見方がでてきた。きっかけとなったのは外交面で矢継ぎ早にあげた成果である。

彼は昭和五十七年十一月二十七日、首相に就任すると、一ヵ月半後の五十八年一月十一日には早くも、日本の現職首相として初めて韓国を公式訪問し注目された。それまでの歴代首相は、まず米国を訪問していたのに、なぜ最初の訪問国に韓国を選んだのか。筆者の質問に彼はこう答えた。

「前々から総理になったら、まずアジアの隣国、韓国と緊密な関係を結ぶ必要があると考えていたからだ」

訪韓すると全斗煥大統領主催の晩さん会で、挨拶の最初と最後の部分、全体の約三分の一を韓国語で喋り先方を喜ばせた。

「実は向こうの要人が日本に来て立派な日本語を話すのに、日本の政治家は誰も韓国語を話さないのは申し訳ないと思って（鈴木内閣の）行政管理庁長官の頃からテープで練習していたんだ。時間がなくてあまりできなかったけどね」と彼は語っている。

晩さん会の終了間際、全大統領が〝ネクタイをはずして一杯やりましょう〟と中曽根を誘った。二人は席を移し十時過ぎから約二時間、政治の話は一切抜きにしてにぎやかに盃を酌み交わした。

そのとき中曽根は「ノーラン・シャツ」（黄色いシャツ）を韓国語で歌い、全斗煥は「知床旅情」を日本語で歌った。二人は同席者からやんやの喝采を受け別れ際、互いに抱擁して親近感を示し合った。「ノーラン・シャツ」は昭和三十七年に筆者が訪韓したとき韓国で大ヒットしていた。滞在中になんとか韓国語で歌えるようになって帰国し、中曽根や江崎真澄（通産相など）、ソニーの盛田昭夫社長らと時折集まっていた会合「ひぐらし会」で披露した。皆が気に入って一時期集まるたびに二度三度と歌っていた。その後中曽根も韓国を訪問、現地で実際にこの歌を聞いて一層親しみを覚えたようだ。歌の中にオッチョンジー（何となく）という言葉が時々出てくる。語呂がいいせいか、よく「オッチョンジーやろうや」といっては歌ったものだ。

日韓首脳会談を終えて帰国した中曽根は筆者と顔を合わせるなり「ノーラン・シャツを全斗煥とのカラオケ・パーティーで歌ってきたよ。『ひぐらし会』で歌っていたから大体覚えていたが飛行機の中で昔を思い出しながら練習していったんだ。〝オッチョンジー〟

が思わぬところで役に立ったよ」と言って楽しそうに笑った。経済協力や教科書問題でぎくしゃくしていた日韓関係は、この首脳会談で一気に改善された。

サミットで写真の中央に

韓国訪問から一週間後、中曽根は米国に飛び、レーガン大統領と会談し互いにファーストネームで呼び合う「ロン・ヤス」関係を確立した。

さらに、この年の五月、米ウィリアムズバーグで開催された先進国首脳会議（サミット）でも、彼はレーガン大統領とサッチャー英首相の間に入る形でテレビに映り日本国民を喜ばせた。

それまでの首相は、こうした国際的舞台では大体隅の方にポツンと立っていることが多かった。ところが背の高い中曽根が堂々と中央に立ってサッチャーたちとにこやかに談笑している。多くの日本人は長年抱いていた、ある種の劣等感から解放されたような気分になった。このパフォーマンスで中曽根株は一気に上昇した。彼はそのときの模様を「写真を撮る場所があらかじめ分かっていたので、歩きながらタイミングを見はからってサッチャー、レーガンに話しかけながら隣に並んだんだよ」といたずらっぽく笑いながら率直に語ってくれた。

内政面で意欲的に取り組んだのは行政改革。なかでも国鉄の分割・民営化である。巨額の累積赤字を抱えた国鉄は財政再建のがんといわれていたが、彼は民営化に消極的な総裁を更迭するという非常手段に訴え国鉄を七社に分割、民営企業に切り替えた。また電電、専売の両公社も民営化した。

ところで戦後の政界で中曽根のように総理、総裁の座を目指し全力を傾けてきた政治家はあまりいない。ただ政治家としてのスタート時点から保守傍流に身を置いてきたため、それがハンディになって意欲の割に総理への道はなかなか開けてこなかった。田中角栄が佐藤内閣の後を受けて首相になったとき、彼はしみじみと、こう語っていた。

「角栄とは、ともに大正七年の同年生まれ。衆議院に初当選したのも同じ昭和二十二年、しかも東大を卒業したオレが高等小学校しか出ていない角栄の下で働くことになった。だが、これが民主主義というものだろう」

この口調には、何となく自嘲的な響きがあったのを思い出す。そして彼はその後も苦労を重ねながら田中に遅れること十年、昭和五十七年にやっと首相の座にたどり着いた。ただ、そのとき三角大福（三木武夫、田中、大平正芳、福田赳夫）といわれたライバル達は、すでに首相の座を退いていた。中曽根はこのラストランナーになったのが幸いして、彼を脅かす当面の競争者がいなくなっていた。さらに彼にとって何かと目ざわりだった田中が六十年二月に脳梗塞《こうそく》で倒れたことも彼の政権維持にはプラスに働いた。その直後会ったとき「体を大事にしなければいけませんね。角さんのようになったら大変だから」といったら「本当にそうだ」といいながらも、何か大きな圧力から解放されたような表情を見せた。以後、彼は次第に独自の発想で政治を展開させていくようになる。昭和六十一年七月には、後年〝死んだふり解散〟といわれたようにはかって衆参同日選挙を実施した。結果は三百議席を超える大勝となり、これによって異例の総裁任期一年延長を勝ち取ることに成功した。

このため政権担当は五年に及び戦後の首相のなかで佐藤栄作、吉田茂に次ぐ長期政権となった。

最後にニューリーダーといわれた竹下登、安倍晋太郎、宮澤喜一を集め、その中から後継に竹下を指名するほどの実力者ぶりを内外に誇示した。現在も政界長老としての存在感を十分に発揮していることは周知のとおりである。

竹下　登（第十二代総裁）

角さんは僕の反面教師

竹下登の首相在任期間は、昭和六十二年十一月から平成元年六月までの僅《わず》か一年七カ月だった。その短い期間に彼は大きな政治的実績を残した。消費税の導入である。竹下内閣が短命に終わったのは、この消費税で内閣支持率が大幅に下落したのとリクルート事件という思わぬスキャンダルに足をすくわれたためだった。大型間接税の導入は大平正芳、中曽根康弘両首相が試みていずれも失敗に終わっている。竹下は自らの内閣の命運と引き換えに消費税を成立させた。今日、日本の国家財政は多額の赤字を抱え危機的状況に陥っている。もし消費税が導入されていなかったら事態は、さらに深刻になっていたに違いない。

あまり知られていないが竹下はポスト中曽根で自民党総裁選に出馬したときの政権構想で税制改革を公約の一つに挙げている。

そして政権をとると身を挺してこれを実現させた。政治家や政党の公約（いまはマニフェストといっているが……）は大体言いっ放しで実行されないのが当たり前のようになっているが、彼は公約をきちんと実現させた珍しい政治家といってよい。

さて、竹下は平成元年に首相を辞任してからも愛弟子の一人、小渕恵三首相が病に倒れ、自らも入院してそのまま再起不能になるまでの約十年間、日本の政治を実質的に動かした実力者だった。その点で退陣後も政治の実権を握り続け闇将軍といわれた田中角栄とよく対比される。だが竹下はその昔、筆者に「角さんは僕にとって反面教師だ」と語ったことがある。田中は〝オレについて来い〟というタイプの指導者で力ずくで政局を引っぱっていった。そのため角福戦争に象徴されるように党内抗争が絶えなかった。一方、竹下は対立抗争を嫌いあくまで話し合いで問題を解決しようとした。その結果、自民党は総主流体制に変貌していき活力を失うというマイナス面もでてきた。ただ竹下がつくり上げた総主流体制の背景には、彼が多年培った幅広い人脈があった。彼はそのために党内若手から野党議員に至るまで気配りを欠かさず目に見えぬところに多くのパイプを持っていた。特に先輩議員に対する気配りは大変なものだった。

その昔、船田中が自民党副総裁になったとき、有望な若手とじっくり話がしたいから何人か推薦してほしいと言われたことがある。

そこで中曽根、竹下、宮澤喜一、安倍晋太郎らに声を掛け船田が彼らと一人ずつ食事をした際同席させてもらった。

それぞれ対応に個性があり興味深かったが、竹下の場合強く印象に残ったのは船田が座敷に入って来るまで席はおろか座布団さえ使わずに畳の上にじっと座っていたことだ。「なるほど、これが竹下流だな」と思ったが、このように形の上でも先輩にきちんと礼をつくしていた。こうした気配りと面倒見のよさが竹下人脈を拡大していったといえよう。

だが、この人脈を背景に強力な数の力をもちながら竹下の退陣は意外に早かった。直接の原因は冒頭述べた消費税とリクルートにあるが、竹下は政権を去ってしばらくしてから次のように語っていた。「政権には周期というものがあると思うんだ。僕はアゲンストの中で政権を担当し、他人様の財布に手を突っ込むような消費税で支持率を下げながらやっていかなければならない周期に当たった。対して今の海部俊樹（首相）はフォローの風の中にある」。なるほどそんな見方もできるなと思ったのを覚えている。

「死ぬ時は家内と一緒が幸せ」

首相に就任後、日も浅い昭和六十二年十二月十五日、竹下は日本・アセアン首脳会議出席のためフィリピンを訪れた。これが首相として初めての外国訪問だった。

だが当時フィリピンは国軍内で旧マルコス大統領派のクーデターが繰り返され各地で反政府ゲリラが頻発していた。日本赤軍の潜伏説も取り沙汰され、世界でもっとも危険な場所といわれていた。

各国首脳は、いずれも単身で空港と会議場を往復しただけ。市内にも全く出ずに日帰りで引き揚げた。インドネシアのスハルト大統領などは万一の事態に備え、八百人の精鋭部隊を乗せた駆逐艦をマニラ湾に待機させていた。

だが竹下だけは夫人を同伴。同夜はアキノ大統領主催の歓迎晩さん会に出席、一泊して翌十六日にもマラカニアン宮殿で、同大統領との日比首脳会談を行っている。戦後の首相で直接生命にかかわるこうした厳しい局面を体験したのは竹下だけである。

帰国後「なぜ、あんな危険なところに奥さんを同伴されたのですか」と聞いたら、「治安の問題は一国を代表して行けばその国にお任せするのが筋だと思う。家内を同伴したのは四十年も一緒にいたのだから、死ぬ時も一緒に死んだ方が幸せだろうと思ったからだ。それに家内は生活能力があるわけでないから一人で残ってもなあ…」と言って笑っていた。

ところで竹下政治は、よく金と結び付けて見られることが多かった。確かに自治省への届け出をみると政治資金はよく集めていた。ただ竹下は「あの金は政治活動のために頂いたものだから、目の前を通り過ぎていくのが当たり前という感覚だった」と言っていた。そういえば私生活では倹約を旨とし「もったいない」という言葉をよく聞いた。「孫たちをみているとティッシュペーパーを一度に二枚も使っている。一枚で十分なのに……」と話していたし、料理屋で食事が余ると折りに詰めてもらって持ち帰った。弁当を食べるときは、まずフタに付いた米粒から食べはじめた。要するに戦前から戦後にかけて物のない時代を額に汗して働きながら懸命かつ簡素に生きてきた典型的な日本人の一人だった。

竹下が残したもう一つの功績は人材を育てたことであろう。彼が亡くなったとき宮澤喜一が「これだけ多くの人材を育てて将来に残した人はいない」と語っている。

竹下派七奉行といわれた橋本龍太郎、梶山静六、羽田孜、小渕恵三、小沢一郎、渡部恒三、奥田敬和といった有力議員を育て、その中から橋本、小渕、それに党派は分かれたが羽田と三人の首相が出ている。

他派閥でも海部俊樹、森喜朗の両元首相はじめ河野洋平元自民党総裁（前衆院議長）ら実力者たちが何かといえば竹下の門を叩き相談にのってもらっていた。

竹下人脈はさらに野党の社会党から公明党まであまねく網羅していた。

晩年の竹下はよく「これからは平成の語り部として過ごしたい」と言っていた。

だが一年余りの闘病生活の末、ついに何も語ることなく生涯を終えた。

十余年の間、日本の政治を実質的に動かしてきた竹下である。語りたいこと、書き残したいことがたくさんあったはずだ。

それができなかったのが一番残念だったに違いない。

宇野　宗佑（第十三代総裁）
レーガンの前でハーモニカを吹く

消費税とリクルートで退陣した竹下登のあとを受けて平成元年六月、宇野宗佑が首相に就任した。彼は大変な才人で何でも器用にこなした。郷里の滋賀県議から河野一郎の秘書を経て、昭和三十五年、衆院議員に初当選し、以後連続当選十二回。その間、防衛庁長官、科学技術庁長官、行政管理庁長官、通産大臣、外務大臣を歴任した。どのポストもそつなく務めあげ、任命した首相たちも安心して任せていた。

政治以外にもさまざまな趣味をもち、いずれも素人の域を抜け出していた。筆者の書棚に彼が贈ってくれた「庄屋平兵衛獄門記」が入っている。郷土の歴史を題材とした四百頁を超える大著で「服部半蔵の謎」など七篇も一緒に収められている。同じく歴史もので「中仙道守山宿」、また、学徒出陣で朝鮮北部にいたとき終戦を迎え、シベリアに抑留されたときの体験を書いた「ダモイ・トウキョウ」の著作もある。

俳句をたしなみ句集を何冊も出している。絵も書いた。ピアノを弾きハーモニカも吹く。

クラブに行くと彼の独演会になるが、それが嫌みにならず皆を楽しくさせた。竹下が首相として訪米、レーガン大統領との首脳会談を行ったとき宇野は外相として同行した。竹下によると、レーガン主催の晩さん会で彼は余興に「おおスザンナ」「草競馬」など米国人が好むフォスター作曲の民謡をたて続けにハーモニカで吹き、やんやの喝采を浴びたという。

ところでリクルートで首相を辞任することになった竹下は、後継者選びにとりかかったが、竹下と並んでニューリーダーといわれていた安倍晋太郎、宮澤喜一、渡辺美智雄らはいずれもリクルートに引っかかっていた。やむなく党の内外から人格者と高く評価されていた伊東正義、坂田道太を口説いたが断られてしまう。最後に思いついたのが宇野だった。

彼は竹下内閣で外相を務めていたから仕事振りはよくわかっていた。この間、ソ連のゴルバチョフ大統領と領土問題で渡り合うなど多くの外交実績も残している。宇野ならば国際的にかなり顔も売れているし、閣僚ポストも無難にこなしてきたから首相になってもなんとかやっていけるだろう――と竹下は考えたようだ。そこでパリのＯＥＣＤ閣僚会議に出席していた宇野を急遽《きゅうきょ》呼び戻した。彼は六月一日に帰国、翌二日、慌ただしく首相に就任した。

このとき六十六歳。政治家として年齢的に脂の乗ったころだった。

彼は経済問題に明るく、税にも詳しかったので大蔵官僚たちに以前から頼りにされていた。従って消費税で退陣を余儀なくされた竹下のあとを継ぐには格好の人物とみることもできた。

首相就任後間もなく、フランスのアルシェでサミットが開催された。ちょうど天安門事件があった直後だったので、主催国のミッテラン仏大統領は中国に経済制裁を加えるべきだと主張した。

しかし宇野は「中国を国際社会から孤立させるのは得策ではない」と反対し、結局制裁は見送られた。サミットという世界的舞台で彼は日本の存在感を立派に示したわけだ。

だが、その少し前、週刊誌にスキャンダルが報じられる。

運が悪いことに、そのあと参院選が予定されていた。選挙の結果、自民党は改選議席六十九を三十六まで減らす大敗を喫し、彼は在任僅か六十九日で退陣を余儀なくされた。

海部　俊樹（第十四代総裁）

無我夢中、一年たっても無我夢中

リクルート事件や消費税の導入、首相の女性スキャンダルなどが重なって、自民党は平成元年七月の参院選に惨敗した。そこで急遽登場したのが海部俊樹である。

彼の閣僚経験は福田、中曽根両内閣での文相だけ、党三役になったこともなかった。それが派閥のリーダー河本敏夫を差し置いて自民党の総裁、首相になったのだ。不祥事続きで国民の信頼を失った自民党は彼の若さとクリーン・イメージで退勢を挽回しようとしたわけだ。海部はそのとき五十八歳、首相就任時の年齢は戦後では田中角栄の五十四歳に次ぐ若さだった。

また、昭和生まれで初めての首相でもあり、それだけで結構話題になった。ただ当時の彼は見るからに若々しく女性にもてそうだった。当時、マスコミが政治家の女性問題をしきりに取り上げていたので、竹下登に「女性の方は大丈夫だろうか」と聞いた。竹下は「カーちゃんがしっかりしているからそんなことはできないよ」と笑って答えた。

海部は最小派閥出身で党内基盤も弱かったから、就任当初は本格政権に引き継ぎまでのワンポイント・リリーフとみられていた。ところが彼のひたむきな姿勢と清潔ムードが大衆受けし内閣は長持ちした。翌平成二年二月、保革逆転が噂された衆院選も安定多数議席を確保して乗り切った。

それからしばらくして首相就任後一年がたったころ、海部に心境を聞いてみた。彼は「参院選での大敗は結党以来初めての体験だった。衆院でまた過半数を割るようだったら大変なこと。オマエは自民党政権最後の総理大臣だといわれていたしね……」と言い「とにかく首相になったころは無我夢中、この言葉が一番ふさわしかったと思う。ただ一年たった今だから無我夢中という言葉も見つかるが、あの当時はそんな言葉も思い当たらないほど無我夢中だった。そして今も無我夢中でやっている」と答えた。

ところで海部は演説の名手といわれていた。彼の演説はリズムがよく、妙なる軽音楽を聴いているような心地よい響きがあった。また、首相になると演説の中でよく「退路を断って」「政治生命をかけて」と言い「一生懸命」というセリフをしばしば使った。すると聞いている者はなんとなくそんな気持ちにさせられた。それが人気につながったのも確かだ。

衆院選を乗り切ってホッとする間もなく、イラクのクウェート侵攻による湾岸戦争に見舞われる。現在と違い自衛隊を派遣できるような国内環境でなく、代わりに九十億ドルの巨額な資金援助を行った。だが米国を中心に「カネは出すが汗はかかない日本」と批判される。

また、公約に掲げた政治改革を実現するため衆院の中選挙区制を小選挙区比例代表制に改めようとしたが党内の反発で実現できない。最後の手段として衆院を解散しようと「重大決意」を表明するがこれもつぶされ、結局、在任八百十八日で不本意な退陣となった。

二年半後の平成六年六月、自民党を離党し非自民連合から首班指名選挙に名乗りを上げたが「自社さ」の村山富市に敗れた。その後しばらくして、森喜朗が海部ほか数名がいた席で「この人の写真をもう一度、(歴代総裁の写真が並んでいる)自民党総裁室に戻してあげたい」と言っていた。いまは復党しその通りになっている。

宮澤　喜一（第十五代総裁）
これから一番大事な話をするんだ!!

現代の政治家で宮澤ほど多彩な国際的経験を持つ者はいない。彼は吉田茂にはじまる保守本流を歩み、この間、占領軍司令官マッカーサー元帥を皮切りに世界のトップリーダーたちと数多く接触してきた。それは宮澤が英語に堪能だったからでもある。英語使いで定評あるサイマルの村松増美がこう語っている。「ある国際会議に蔵相として出席した宮澤がスピーチの中で〝人間の一生には潮時というものがある〟と誰かがいいましたね――と言った。出席していた欧米の超一流の政治家、学者から、どよめきに近い声が上がった。シェークスピアのジュリアス・シーザーの台詞《せりふ》を直接でなく、さらりと引用したのだが、それが分かる人たちには最高のユーモアだった」

彼はまた小柄で一見温和な外見に似ず、強い闘争心の持ち主でもある。その昔、ホテル・ニューオータニの客室におびき出され刃物を持った男と二十五分間も格闘、額に傷を負って血だらけになりながら脱出したことがあった。

一方、外交の舞台では三木内閣の外務大臣時代に訪ソし平和条約交渉を行った際、グロムイコ外相が「領土問題は現実的に処理しよう」というと「悔しかったらもう一度戦争で取り返せというのか」とやり返した。その後、ニューヨークで再びグロムイコ外相と会談した。同席した松永信雄駐米大使によるとグロムイコは宮澤が領土を話題にしたとたん「時間がない」と言って立ち上がろうとした。宮澤は大声で「これから一番大事な話をするんだ‼」と怒鳴った。驚いたグロムイコは座り直して会談を続けた。松永は「あんな堂々とした外相は見たことがない」と感想をもらしている。

平成四年一月、ブッシュ大統領（前大統領の父）が訪日した際、宮澤は首相官邸で歓迎晩さん会を催した。ところがブッシュが突然隣の宮澤に倒れかかり食べた物を吐いた。間髪いれず宮澤は護衛たちに「皆テーブルの上に立て」と命じた。後日「なぜテーブルの上に立たせたのですか」と聞いたら「向い側の一段高いオーケストラボックスにテレビが入っていてライトを照らしていた。ブッシュが写らないようにしたのだ」と答えた。ブッシュは流感にかかっていたようで、夫人を残して引き揚げ事なきを得たが宮澤の対応は迅速で見事だった。

彼はまた天皇陛下の訪中を積極的に推進し、歴史上初めて実現させるなど、幾つかの外交実績を残している。

ただ、保守本流の本格政権と期待されながら在任二年足らずで退陣した。主な原因は彼を支えていた自民党最大派閥竹下派が内部分裂したことにある。

竹下派を率いていた金丸信は献金疑惑で党の副総裁を辞任せざるを得なくなり、派閥の会長も退いた。後を小渕恵三が継いだが、これを不満とする小沢一郎、羽田孜らが派閥を飛び出し別派をつくった。平成五年六月十八日、小沢らは野党が宮澤内閣不信任案を出すとこれに同調した（のち離党）、内閣不信任案は可決され宮澤は衆院を解散した。テレビでは「政治改革は必ずやる。ウソはつきません」と宮澤が言う場面を意図的に繰り返し放映し、彼は「ウソつき」のレッテルを張られてしまう。

選挙で自民党は過半数を確保できず、宮澤はその責任を取って総辞職した。彼は保守合同以来十五代目の総裁だった。そこで幕府最後の十五代将軍慶喜とよく対比される。ただ、自民党は、ほぼ一年後には政権に復帰した。

橋本　龍太郎（第十七代総裁）
ヤラレチャッタヨ

橋本龍太郎が首相に就任したのは平成八年一月。自民党の首相が誕生したのは宮澤内閣の崩壊以来二年半ぶりだった。彼が首相候補の一人と言われ出したころ、筆者は本人に率直な気持ちを聞いたことがある。彼はこう答えた。「総裁になれるかどうかは運や巡り合わせに左右される面が多分にある。朝から晩まで〝総理になりたい〟と言い続けてもダメな人もいれば、何も言わなくても呼び出されて総理になる人もいる。そういうものだと思う」

同じころ、竹下登が「橋本も〝怒る、すねる、威張る〟がなければ総理になれるんだが……」と言っていた。これが本人の耳に届いたのだろう。あるテレビ番組で「あなたのアキレス腱は」との問いに「〝怒る、すねる、威張る〟突進し出したら止まらなくなる。バックギアが利くか心配している」と語っていた。

そして彼は筆者に言っていたように運や巡り合わせにも恵まれて総理・総裁になった。

いきさつはこうだ。河野洋平が村山富市に総理就任を持ちかけられ、断ったあと自民党内で橋本待望論が急速に高まった。当時の橋本人気、特に女性の人気はものすごく遊説に出ると「龍さま」と黄色い声がかかり「お捻《ひね》り」（金を紙に包んでひねったもの）が飛んでくるといわれていた。平成七年九月の総裁選で河野は出馬を取りやめ橋本総裁が誕生、半ば自動的に村山内閣の副総理となった。村山は翌八年一月五日、突然退陣を表明、当然のことのように橋本が後継首相に収まる。まさに〝運と巡り合わせ〟に恵まれたといえる。

彼は首相になった平成八年の衆院選で二百三十九議席を獲得、翌九年九月の自民党総裁選でも無投票で再選され長期政権を予測された。しかし、このあとの改造内閣で閣僚の起用をめぐり国民世論の反発を受けるようになる。

そうした中、彼は外交に熱意を傾けエリツィン・ロシア大統領との個人的信頼関係を構築。平成九年、東シベリアのクラスノヤルスクで行われた日ロ首脳会談で「二〇〇〇年末までに平和条約を締結するよう全力をつくす」との合意を得た。翌十年四月、満開の桜を散らさぬよう工夫を凝らすなど舞台装置に知恵を絞って開催した静岡・川奈での会談で橋本は「北方領土に関する日本の領有権を確認した上での国境線画定」を提案した。これで日ロ関係は前進したように見えたが、エリツィン退陣で北方領土交渉は中断となった。

平成十年七月、参院選を迎える。九年四月からの消費税五％への引き上げ、医療費の値上げ、特別減税の中止などが逆風となったことに加え回復軌道に乗り始めた景気も、財政再建に踏み込んだことでデフレ要因が増大し、中折れ状態になる。それらが響いて当初順当な勝利が予測されていた選挙は思いがけない敗北となった。

その翌日、首相官邸を訪ねたら橋本は意外にサバサバした表情で（多分悔しさを隠そうとそう装っていたのだろうが……）筆者の顔を見るなり「やあ、ヤラレチャッタヨ」と言った。

そして「一番残念に思うやり残したことは」との問いに「いい後継者を育てられなかったこと」と言い具体的名前も挙げながら、「これから取りかかろうと思っていたんだがなあ……」とややしんみりした口調で語った。

小渕　恵三（第十八代総裁）
これはいかん、これはいかん

平成十年七月、参院選の敗北で退陣した橋本龍太郎の後任を決める総裁選が行われ、小渕恵三が梶山静六、小泉純一郎を破って首相に就任した。その半年前、彼に理想の政治家像を聞いたことがある。

「書生っぽくて恥ずかしいが〝誠実であれ、謙虚であれ、勇敢であれ〟の〝三あれ〟がモットー。まあ私は政治家として謙虚な方と思うが……」と語ったので「政治家だからもう少し前に出てほしい……」と注文をつけたら「だから最後に〝勇敢〟がつくんだよ……」と笑顔で答えた。この対話からもうかがえるように小渕は政治家の中では控えめなタイプだった。

首相に就任当初メディアは、そんな小渕を「冷めたピザ」と揶揄《やゆ》し「戦後最低の総理」「二カ月もつかどうか」と酷評した。だが一年たったころから彼に対する評価は大きく変わり始めた。懸念されていた外交では軸足がきちんと定まってぶれないし、その他の政治課題でも着実に実績を上げ始めたからだ。

中国の江沢民主席が来日したとき、同主席は、あらゆる会合で謝罪を要求、天皇陛下主催の晩さん会でまで日本国民の感情を逆なでするように同じ発言を繰り返した。その揚げ句、共同声明にも謝罪を明記しろと執拗に迫った。しかし小渕は受け付けなかった。

その直後、小渕に会ったとき「共同声明に謝罪を入れなかったのは大変な功績と思う」と感想を述べたら「自分が個人的に口頭で謝るのは何でもない。しかし、文書にして共同声明という形になると半ば未来永劫《えいごう》、日本国民を縛ることになる。そういうことは絶対にしたくなかった」と言っていた。

コソボ紛争では「人道的支援はするが戦費は払わない」と当初からはっきり明言した。経済の分野でも内閣発足当初は日本発の世界恐慌が起きるのでは……といわれていたが、小渕は景気回復最優先で危機回避に成功している。また、中央省庁再編で大蔵省が「大蔵」の名前を残そうといろいろ画策したが、彼はツルの一声で財務省にしてしまった。このように彼は、以前筆者に語った通り「勇敢」に物事を決めていった。

小渕は、こうした諸懸案を処理するため兄貴分だった竹下譲りの気配りで党内をうまくまとめながら引っぱっていった。顕著な例の一つに蔵相の宮澤喜一に対する配慮がある。彼は組閣に当たって総理までやった宮澤を三顧の礼で蔵相に迎えた。その宮澤が七カ国蔵相会議などで海外に行くときは、総理以外ほとんど使わせない政府専用機をまわした。「宮澤さんを随分大事にしますね」と言ったら「宮澤さんが倒れたら経済問題で答弁する人がいなくなっちゃうからね」と答えた。

そういう気持ちは時間がたつうちに本人にも伝わるもの。宮澤の方も「総理があれほど本を読んでいるとは思わなかった」などと小渕の資質を評価する感想を漏らしている。筆者が世話役をしている政財界人の勉強会「自由社会研究会」に小渕は首相としてときどき顔を出した。この会は先着順で好きな席に着くが首相経験者は豊田章一郎理事長の横並びの席を用意し、現職首相をその筆頭にする慣例になっている。ところが小渕は着席して食事を取り始めたとき隣の名札が宮澤になっているのをみると「これはいかん、これはいかん」と言いながら料理の載ったトレーを持って宮澤の席に移り名札も自分で取り換えてしまった。ボーイに「換えてくれ」と言わず自分でやるところも小渕らしかった。

最後に聞いた言葉「もう辞めたいと思うことも……」

小渕といえばブッチホンも有名だ。筆者のところにもときどき「あなたが書いた記事読みましたよ……」と電話がかかってきた。

必ず「小渕恵三です」と秘書を通さずに、いきなり本人がかけてくる。

最初はこの電話を受けた会社の女性が「小渕恵三です」と名前をいわれても、まさか首相本人だと思わず〝小渕〟〝小渕〟――誰だろう――といぶかった末、やっと首相だと気付いて「頭の中が真っ白になった」と感想をもらしていた。

彼は、この調子で北海道から九州まで地方の人にも直接電話をかけていたようだ。

また「三人集まれば小渕が来る」といわれたくらい、あちこちの会合に小まめに顔を出し、自分の考えを聞いてもらおうと努力していた。

こうして小渕人気がじわじわと上昇し、この政権はしばらく続くだろうと思われていた矢先、平成十二年四月二日、突如脳梗塞《こうそく》で倒れ五月十四日、惜しまれつつ帰らぬ人となってしまった。戦後、現職のまま亡くなった首相は大平正芳、小渕の二人しかいない。

倒れる日の二十日ほど前、筆者は小渕に会っている。このときは比較的時間があったので、さまざまな問題をじっくり話し合うことができた。

彼はまずマスコミに対する強い不信感を具体例を挙げながら語った。

その直前に新潟県警が不祥事を起こしたとき小渕が〝運が悪かった〟と言ったとマスコミが何度も繰り返して報じていた。しかし彼に言わせると、このあと「天網恢々《かいかい》疎にして漏らさず」と続けているのにマスコミは全体を伝えず「運が悪かった」だけを非難がましく執拗に報じている――と。

また「マスコミの論調はいつも野党に味方し政府、自民党を叩く不公平極まりないものになっている」「台湾総統選挙で中国が行った武力解放の脅しにアジア各国の新聞は激しく反発しているのに日本のマスコミは批判を手控えている。この日本のマスコミの体質が問題だ」……等々。小渕は堰《せき》を切ったように次々とマスコミを批判し憤懣《ふんまん》を語った。

このあと話題は経済政策に移った。

当時、小渕内閣は経済再生を最重要課題とし、そのため財政再建には、しばらく目をつぶるという姿勢をとっていた。

筆者はその点について「いまの状況で景気浮揚を第一に考えるのは理解できるが、国民は借金漬けの国家財政がどうなるかも心配している。問題解決に向けた青写真を示し国民に分かりやすく説明する必要があるのでは……」と述べると、彼は「その通り。財政再建はこれからの一番重要な課題だ。この問題で実際に企業を経営している経済人の意見を聞きたい」と語り、そのための具体策まで話し合った。

さらに驚いたのは、これと関連し「いつまでも政権にしがみついているといわれるのも嫌だから、もう辞めたいという気持ちになることもある。だが、やはり財政再建の筋道を国民に示すのは自分の義務と考える」と、しみじみとした口調で心境を吐露《とろ》した。

この財政再建問題一つをとっても首相の真意が世間一般の受け止めていたものとかなり違っていることを知り、筆者は、その一国を担う政治家の強い責任感に胸を打たれた。

そしてこれが筆者が小渕から聞いた最後の言葉になった。

森　喜朗（第十九代総裁）
手続きを踏んでいるのに〝密室〟とは

森喜朗が首相に就任したのは平成十二年四月五日。しかし、その直前まで本人はもちろん政界でも彼がこんなに早く首相になるとは誰も予測していなかった。

すべては四日前の四月一日夜、小渕恵三が脳梗塞で突然倒れ、翌二日未明に緊急入院したことから始まった。急を聞いて幹事長の森のほか青木幹雄官房長官、亀井静香政調会長、村上正邦参院議員会長、野中広務幹事長代理の政府・党幹部五人が同日昼に集まり対応を協議した（池田行彦総務会長は欠席）。だが小渕の病状がはっきりしないためいったん解散、同夜九時に再び集まった。

医師によると病状が進み、二日や三日で復帰できる状態ではないとのことだったので後継問題を話し合った。最初に村上が森の名前をあげ、皆も幹事長として小渕を支えてきた森に後をやれという。折から国会開会中で総裁公選を実施するには時間的余裕がない。自民党はまず五日、党大会にかわる両院議員総会を開いて森を後継者に選んだ。このとき対立候補が出ていたら選挙になり後刻〝密室で選ばれた〟との批判を受けることもなかっただろう。だが誰も手を挙げなかった。森は引き続いて行われた首班指名選挙で首相に選ばれた。ウオーミングアップなしにいきなりリリーフに立ったようなものだった。しかし、彼は首相在任中かなりの政治的実績を残している。

就任後間もない六月に実施した総選挙では、与党三党で安定多数議席を確保したし、小渕が執念を燃やしていた九州・沖縄サミットも無事にすませた。ロシアのプーチン大統領とは年六回も会って領土問題を含めた日ロ関係を前進させた。また、日本の首相として初めてアフリカ諸国を歴訪し、新たな外交分野を切り開いている。治療のため訪日を希望していた李登輝台湾前総統のビザを中国の強い圧力をはねのけて発給、日台友好に寄与した。

ただマスコミは森が首相に就任した直後から小渕入院の発表が二十二時間も遅れたことや、容体に対する医師の説明が不十分だったことをとらえ、総裁決定に至る過程が不透明で〝森は密室で選ばれた〟と騒ぎたてた。彼は「ちゃんと手続きを踏んでいるのに……」と反発したが爾来《じらい》マスコミは〝密室〟〝密室〟と森批判を繰り返す。神道政治連盟国会議員懇談会の結成三十周年記念祝賀会で森らしいサービス精神たっぷりなあいさつをするとメディアは「わが国は天皇を中心にした神の国」のくだりだけを故意に取りあげて「皇国史観」と批判した。

平成十三年二月の休日にハワイ沖で実習船えひめ丸が米原潜に衝突されて沈没、九人が死亡した。第一報を受けたとき彼は戸塚ゴルフ場でプレーしていた。筆者が得た情報では、この時点で犠牲者が出たとの連絡はなく〝乗組員は続々救助中〟と伝えられていた。秘書官の助言もあって彼は戸塚にとどまり様子をみていた。ところがこのあと犠牲者が出たと分かるとマスコミは「なぜ官邸にすぐ戻らなかったか」と批判し、テレビには夏場にテンガロンハット風の帽子をかぶってニコニコ笑いながらプレーしている全く別の映像を繰り返し放映した。これで内閣支持率が下がり党内から参院選への影響を懸念する声がでてきたため就任一年で首相の座を降りた。退任後「首相になる直前あなたと同じ前立腺がんが見つかり内心一年でやめようと思っていた。知人に米国の新しい治療法だと早く癒える、行ってみたらといわれたが総理をやった者がなあ……」と打ち明けられた。日本で手術し党長老として活躍していることは周知の通りだ。

小泉 純一郎 (第二十代総裁)

自民党をぶっ壊す

小泉純一郎首相は九月の総裁任期まで政権を担当、戦後では吉田茂、佐藤栄作両首相につぐ三番目の長期政権になった。彼は祖父、父に続く三世政治家だが三人を比較するとその時代時代の日本人像を見ているようで興味深い。

祖父又次郎は請負業者の家に生まれ小学校の代用教員から政界入りし「又さん」の愛称で親しまれた大衆政治家。家賃を滞納し借家から追い出されたこともあった。昭和初期、浜口、若槻両内閣で逓信相（のちの郵政相）を務めたが背中いっぱいに入れ墨をしていた。

父純也（防衛庁長官）には筆者も記者としてよく会った。若いころ又次郎の娘（純一郎の母）と駆け落ちしたというロマンスの持ち主だが、薩摩っぽらしく朴訥《ぼくとつ》で戦中戦後を生き抜いた同世代に共通する雰囲気を持っていた。さて三代目の純一郎首相は髪にパーマをかけクラシック音楽、特にオペラ愛好家として知られている。三代を経て日本人も政治家も大きく変わったことがよく分かる。

小泉は父純也の急死で昭和四十四年の衆院選に立候補したが落選。その後、福田赳夫（のち首相）の秘書になり毎朝、選挙区の横須賀から福田邸に通って下足番のようなことをしたあと、午後には地元に戻って次の選挙に備える運動を続けた。三年後に初当選、以後は連続十二回議席を守ってきた。彼が師と仰ぐ福田は造語の名手で「狂乱物価」「昭和元禄」など分かりやすいキャッチフレーズを数多く残した。その影響もあるのか、小泉も短い言葉で自分の政治をアピールするのがうまく小泉政治はワンフレーズポリティックスといわれている。

彼は総裁選に三度出馬した。一回目は橋本龍太郎に、二回目は小渕恵三に大差で敗れた。しかし三度目の平成十三年ポスト森では、自民党総裁になろうというのに「自民党をぶっ壊す」「自民党を変え日本を変える」と絶叫調で大衆に訴え国民の人気を独り占めして圧勝した。最初の組閣では十七人の閣僚中五人の女性を起用して世間をアッといわせた。首相就任後間もなく横綱貴乃花がけがをおして優勝すると、従来の慣例を破って自ら土俵にあがり「痛みに耐えてよく頑張った。感動した！」と絶叫して賜杯を渡した。サッカーワールドカップのロシア戦を観戦した後も選手控室に行き、いきなり大声で「やー、よくやった」と。得点した稲本を見つけると「たいしたもんだ」といって抱き合った。大衆と同じ目線でものを見、感じたことをズバッといって行動する——これが一般国民に受けて高支持率を得てきた。

小泉が他の政治家と違うもう一つの特色は、並外れて潔癖なこと。彼はお歳暮も土産物も一切受け取らない。バレンタインデーのチョコレートも全部送り返す。森喜朗が首相のとき、誕生日に小泉が派閥を代表してケーキを届けてきた。そこで小泉が首相になってから森が誕生日にケーキを届けたら「森さんにもらったら他のを断れなくなる」といって返した。

彼は日本の首相として初めて北朝鮮を訪問、金正日総書記と会って拉致を認めさせ五人の帰国を実現させた。

平成十七年、郵政民営化法案が参院で否決されると意表をついて衆院を解散する。このとき彼は「改革!」「官から民へ」の一点張りで郵政民営化を訴え、話題性に富んだ女性候補をそろえて造反議員にぶっつけ、比例区に重複立候補させた。この作戦が当たって八十三人の新人議員〝小泉チルドレン〟を誕生させ、自民党は全議席の六割を超える議席を獲得した。五十年の歴史でもっとも異色の総裁といってよい。

2章

政権を支えた大物政治家

緒方　竹虎
新聞記者から政治家へ

政局の安定は「爛頭の急務」

昭和三十年十一月十五日、当時の自由党、民主党との間に保守合同が実現、「自由民主党」が発足した。これに先立ち自由党総裁だった緒方竹虎は自ら筆をとり国民に対する声明を出した。その中に「政局の安定は現下、爛頭《らんとう》の急務」という漢学の素養のある彼ならではのくだりがあった。〝焦眉《しょうび》の急務〟といった意味だが当初は政治家も新聞記者もよくわからない。そのためかえって注目を集め識者の間で「爛頭の急務」が一種の流行語となった。

合同が実現したとき首相には現職の鳩山一郎がなったが総裁は民主党鳩山、三木武吉、自由党緒方、大野伴睦の四人の代行という妥協案でスタートした。ただ、鳩山は健康上の理由から短期間で引退、あとは緒方という暗黙の了解ができていた。ところが翌三十一年一月二十八日、その緒方が心臓疾患のため六十七歳で急逝し、緒方内閣は実現しなかった。

緒方に初めて会ったのは彼が昭和二十七年、追放解除後初の総選挙で政界に復帰、吉田茂首相に副総理、官房長官として迎えられたときだった。

当時、私は時事通信の首相官邸詰の駆け出し記者で午前十時半、正午、午後四時……と一日三回ある官房長官の記者会見はじめ頻繁に彼に会って取材していた。

ある日、正午の会見後なお数人の記者と彼を囲んで質問していたら、温厚な顔をこちらに向け独特のもの静かな口調で「いま夕刊の締め切りは何時ですか」と聞かれた。「最終は午後二時です」と答えると「ああそうですか」と。ただそれだけのやりとりだったが「この人はやっぱり新聞人なんだ」と改めて思う一方、同業の大先輩という意識も強まり尊敬の念を深くした。

一生一業が理想　来世は新聞記者に

私は今日まで数多くの政治家と接してきたが、この人ほど堂々とした風采《ふうさい》の持ち主はいなかった。彼はこの外見でも政治家として随分得をしたと思う。

緒方は、たまたま私の伯父が親しくしていたせいもあったのだろう、親子ほども年の違う若輩記者の私に何かと親切にしてくれた。一度だけだが二人きりの夕食に誘われたことがある。

国会の玄関から車に乗せられ「僕は晩メシは家で食べないことになっているからどこかに行かなければならないんだよ」と言って鰻《うなぎ》屋に連れていかれた。帰り際に当時ごく一般的に使われていた茶色いハトロン紙の封筒から現金を出して払っていた。〝緒方さんほどの人がツケでないのか〞と不思議に思ったのを覚えている。

このように庶民的な半面、ともに保守合同を推進した大野伴睦（自民党副総裁）によると、彼はけっこう酒が強く気を許した宴席では粋な新内節からチャッキリ節までホレボレするノドを聞かせたらしい。

彼は福岡の小学校で一年上だった中野正剛と旧制中学、早大、朝日新聞と同じ道を進み朝日では編集局長、副社長となった。戦時中は小磯國昭内閣に情報局総裁として入閣している。この間政界入りした中野が朝日新聞の十八年元旦号に「非常時宰相は絶対強きを要する」という「戦時宰相論」を書いた。時の首相東条英機が激怒、憲兵に拘引され、このあと帰宅するが自決してしまう。緒方は親友中野の葬儀委員長を務めた。当時としては非常に勇気のいることだった。

ただ、当局のさまざまな妨害にもかかわらず、各界からの参列者は二万人を超えた。緒方は「中野が東条に勝った」と書いている。

親しくしていた故橋口収《おさむ》国土事務次官から「緒方官房長官が役所の永年勤続表彰式で〝自分は中途から政治の道に入ったが、人間は一生一業が理想だ。来世はまた新聞記者をやりたい〟と挨拶《あいさつ》された。私はこの〝一生一業〟という言葉に感激した」と聞いたことがある。緒方らしい、いい話だと思った。

三木 武吉

就任直前に公職追放〝幻の議長〟に

政界では知謀群を抜き最高ポストは総裁代行

戦後も六十五年を経たが、この間、政治の世界で権謀術数にたけ、知謀群を抜いた政治家を一人だけ選ぶとすれば、大多数が三木武吉の名をあげるだろう。

彼が僅《わず》か八人の同志とともに、権勢を誇った吉田茂内閣を打倒し、盟友鳩山一郎を宰相の座につけた話はあまりにも有名である。

さらに三木は自由、民主に分かれていた保守勢力の結集に執念を燃やし、自由民主党をつくりあげた。これが五十年余に及ぶ自民党長期安定政権につながったのである。

三木は明治十七年香川県に生まれ、大正六年三十二歳で衆議院議員に初当選した。だが四十年余に及ぶ政治生活のなかで、最高のポストは保守合同の際、暫定的につくられた総裁代行委員四人のうちの一人（他は鳩山一郎、緒方竹虎、大野伴陸）に選ばれただけで、大臣には本人の意思もあって一度もなっていない。

昭和二十一年、戦後の第一回総選挙でも当選し、所属する自由党が第一党になった。そこで盟友鳩山一郎に組閣の大命が下るばかりになったが、連合国軍総司令部（ＧＨＱ）から追放処分を受ける。このとき三木も衆議院本会議で議長に選ばれながら、就任式直前に公職追放となり〝幻の議長〟に終わった。

三木に初めて会ったのは昭和二十六年、彼が追放解除になって間もない頃だった。戦前からの大物政治家というので興味津々、赤坂にあった事務所を訪ねた。彼は駆け出し記者の私を相手に滔々《とうとう》と政治を論じた。

さらに話題をかえ「東京江東区の地下に膨大な天然ガスが埋蔵されている。これが本格的に出たら日本に大きく貢献できる……」と熱っぽく語り、一対一の話は延々二時間に及んだ。ただ、その後天然ガスは確かに出たが、事業化するほどの埋蔵量ではなかった。三木は昔からこの種の儲《もう》け話にかなり首を突っ込んでいたようだが成果はほとんどあがっていない。たまたまその日、私は人と昼食をとった際ビールを飲んでいた。そのため途中でトイレに行きたくなったが「それはダ」「言ってみるとダ！」と語尾に〝ダ〟をつける三木独特の口調で切れ目なく話されると「ちょっとトイレに」とも切り出せず最後は死ぬ苦しみを味わった。

以来、昭和三十一年に亡くなるまで政局のキーマンとして政治を動かした彼が鉈豆《なたまめ》ギセルで煙草《たばこ》をのみながら諄々《じゅんじゅん》と語る三木節を何度も聞いた。

「保守結集に障害なら鳩山内閣は総辞職してもいい」

保守合同に執念を燃やした三木は、第二次鳩山内閣の発足後間もない昭和三十年四月、東京から選挙区の高松へ向かう列車の中で「百八十五人の少数民主党で政策を行うのは根本的に無理、保守結集のため鳩山の存在が障害になるなら、鳩山内閣は総辞職してもいいし、民主党は解体しても一向に差し支えない」との爆弾発言をした。

その一方で、「たとえ死んで地獄に落ちても三木とは口も利きたくない」と激しく対立していた旧吉田陣営の大野伴睦をこういって口説き落とした。「鳩山を救うなどというケチな話ではない。国を救う大義のため余命いくばくもない俺《おれ》は（当時三木はがんを病んでいた）神仏に通じる誠心誠意でやっている」。「大野殺すにゃ刃物はいらぬ〝天下〟〝国家〟といえばよい」と言われていた大野はコロリと参ってしまう。

二人は肝胆相照らす仲となって保守合同を推進、自由民主党を誕生させた。

当時三木はがんで食欲をなくし、粥《かゆ》にアミとコブの佃煮をふりかけたものを三度食べていた。体力が衰えた彼は、結城紬の着物姿で粥の入った弁当箱を信玄袋に入れて手に下げ、国会の廊下をふらふらと歩いていた。大野もこういう三木の姿に心を動かされたのだろう。

〝大野が同意した〟と聞いたとき、かつて若い私に熱を込めて政治を説いた三木を思い出し、大野に対してもあの時のように真正面からすごい集中力を発揮して諄々と説得したのだろう――と思った。

大野　伴睦

大衆に親しまれる独特のキャラクター

安保のデモ隊列も「伴睦さんだ。どうぞ！」

昭和五年の衆議院選挙で初当選、以来連続四回議席を占めるが十七年の翼賛選挙では非推薦となり落選する。しかし、これが幸いし戦後の公職追放を免れた。昭和二十一年、戦後第一回の選挙で復活、三十九年に七十三歳で亡くなるまで連続九回当選している。この間、衆議院議長（昭和二十七年）、自民党副総裁（昭和三十二年から亡くなるまでの七年間）……と要職に就く一方で、大衆に親しまれる独特のキャラクターをもつ政治家になっていった。

昭和三十五年岸信介内閣当時、安保条約改定をめぐって国論が割れ、デモ隊が連日連夜国会や首相官邸を取り囲む異常事態が発生した。このため政府・自民党の要人たちは、この包囲網を突破するのに大きな危険を覚悟しなければならなかった。

だが、大野伴睦が車の窓を開け「自民党の大野伴睦だ」と言うと、デモ隊員たちは「おー伴睦さんだ」「どうぞ」と言って通してくれた。反権力のデモ隊にも人気があったわけで、彼はそれを自慢話にし「僕はデモがあっても平気だよ」と言っていた。

大野は昭和二十八年、当時の吉田茂内閣で北海道開発庁長官に就任した。大臣の経歴はこの一回だけだったが、たまたま在任中に北海道で台風による大災害が発生した。

彼は担当大臣として災害状況を視察することになり私も同行取材した。驚いたのは、昼間は確かに被害地を精力的に視察するが、誰が日程をつくったのか宿泊地は登別温泉など観光地が多く含まれていた。

そして夜になると土地の芸者をはべらせて、飲めや歌えの大宴会となる。このときの大野の挨拶《あいさつ》が傑作だった。

「こういうときに不謹慎と思われるかもしれないが、この大野伴睦、酒と女には甚だ弱い。折角《せっかく》のご厚意だから今夜はゆっくり楽しませてもらうことにしよう」

こうして連夜のどんちゃん騒ぎだ。今だったらいっぺんに大臣の首が飛ぶところだが、当時はそれでまかり通ってしまった。時代が良かったのか？それとも伴睦の人徳だったのだろうか。

大ざっぱに見えるが意外とキメが細かい

大野は酒席が大好きだったが、大臣、副総裁と要職に就くようになってからも、約束に遅れてくることはまずなかった。それよりも大体人よりも前に来ていた。彼はそのために自分の時計をいつも五分進めていた。大ざっぱに見えて意外とキメの細かいところがあったのだ。

また、大衆政治家を任じていただけあって決して偉ぶらず、相手が若輩でも接する態度はほとんど変わらなかった。

若いころ「選挙区で世話になっている人の子供がこの大学を受験するのだがいい伝手《つて》はないだろうか」と相談されたことがあった。たまたま理事長を知っていたので話をつないだら、それが利いたわけでもあるまいが首尾よく合格した。そのあと大野は会うなり私の手をしっかりと握り「ありがとう、ありがとう、お陰で僕の面目がたったよ」と何度も礼を言われた。若造の私にこんなにまで辞を低くして、感謝の念を示す大野という人物を改めて見直した。

彼は自分と縁で結ばれた者を大事にし育てた。北海道開発庁長官の時、秘書官になったのが同庁の中川一郎である。前後して政治記者だった私の先輩も請われて秘書になった。大野はあるとき二人に「将来どの道を進みたいか」と聞いた。中川は「政治家になりたい」と言った。先輩は「自分は政治家には不向きだから経済界に進みたい」と答えた。中川はその後、郷里北海道帯広から一発で衆議院議員に当選。先輩はのちに全日空と合併する青木航空の専務にしてもらった。政治家はポスト、一般人は仕事の面で世話になった者が多い。今はこんな面倒見のよい政治家もいなくなった。

椎名悦三郎

椎名裁定により自民党の危機救う

アメリカは〝番犬様〟

昭和四十九年、田中角栄首相が金権問題で退陣したあと、副総裁だった椎名悦三郎が後継問題を一任された。彼は三木武夫、福田赳夫、大平正芳、中曽根康弘の四候補者の中から「国家国民のため神に祈る気持ちで考え抜いた結果、三木武夫君が最も適任と確信し推挙する」との椎名裁定を発表、三木内閣を誕生させた。

中曽根元首相が「自民党はずっと振り子の理論でやってきた。金権で倒れた田中君のあとにはクリーン三木――と対照的なものを出した方が自民党としてもいいと判断したんだろう」といっているが、ある意味でこれが自民党の危機を救ったといえる。

椎名は商工（通産省＝現・経済産業省）次官から政界入りし岸信介内閣の官房長官を皮切りに通産相、外相、政調会長、総務会長、副総裁を歴任した。

無精者で座右の銘は「省事」。「省略できるものは徹底的に省く。要するに方向さえ間違わなければいいんだ」とよく言っていた。

また、おとぼけの名人でもあった。外相時代国会で安保条約に関連し野党議員から「この条約による日本とアメリカの関係をどう理解すればよいか」と質問され、「まあ、アメリカは日本の番犬のようなものです」と答えた。質問者が「アメリカを犬に例えるのは非礼ではないか」と、再度答弁を促すと「訂正します。アメリカは日本にとって〝番犬様〟のようなものでございます」と。与野党とも大笑い。人をくったところがあるが、どこか憎めない人柄のせいで事は収まってしまった。

ただ、ここぞと思った時はすごい集中力を発揮した。

粋人で清元が得意

佐藤栄作内閣の時、日韓国交正常化交渉のため日本の外相として初めて訪韓した。このとき金浦空港到着の際の声明で「両国の長い歴史の中に不幸な期間があったことは誠に遺憾であり深く反省する」と述べた。事前の外務省案にはこうしたくだりはなく、韓国側から強い不満が出ていた。これを知った椎名は直接自分で「遺憾うんぬん……」を書き入れた。これで韓国側の空気もガラリと変わり、椎名が到着すると空港に初めて日の丸が掲揚され「君が代」が吹奏された。

しかし、交渉は難航し決裂との見方が強まった。帰国前夜すでに午前一時をまわっていたが、椎名は李東元韓国外務部長官の誘いで場所をかえて飲み直し「僕は仮調印の権限を与えられている。君も決断してくれと」と言った。李長官は鎮海の軍艦に泊っていた朴正熙大統領に電話し「椎名外相は責任を持つと言っている」と報告、大統領も「それならよろしい」と即座に承諾、交渉は妥結した。

後年、李長官に会った際「椎名さんの顔は韓国野党の尹潽善党首にそっくり。日本語も何を話しているか分からないような方だが、半世紀近い間日本が百万以上の軍隊をもってしても征服できなかった韓国民の心を謙虚な姿勢をもって征服してしまったわけだ」と私に語った。

椎名は大変な粋人で清元を得意としていたが、別の意味で絶品だったのが「野糞《のぐそ》の踊り」。浴衣に着替え、手ぬぐいで頬《ほお》かむりした農民がきょろきょろと辺りを見回しながら、やおら尻をからげ中腰で野糞をする。だが紙がないので手で拭いて草になすりつけ、やおら指を鼻先にもってきて「かいでみりゃくさいね」と東雲節《しののめぶし》の替え歌で踊るのだが、仕草《しぐさ》の一つ一つが真に迫っていて、座敷中笑い転げるのが常だった。もっともよほど気に入った席でないと踊らなかったから実際に見た人は少ないはずだ。

河野一郎
日ソ国交正常化を実現

「裏口入社を知らないのか」

故吉田茂首相は「世界に嫌いな人間が三人いる。李承晩（韓国大統領）、スカルノ（インドネシア大統領）、河野一郎だ」と言っていた。

河野一郎は戦後、追放解除で政界に復帰すると、三木武吉とともに鳩山一郎を担いで当時の首相吉田茂と対決、苦闘三年ついに吉田から政権を奪取した。この間、国会でも対米債務問題で爆弾質問をし、吉田を窮地に追い込むなど徹底して反吉田を貫いた。吉田の嫌うのも無理はない。

河野は大正十二年早大を卒業すると、朝日新聞の入社試験を受けた。このとき朝日を受けた一人に細川隆元（のち評論家）がいた。細川は合格したが河野は落ちた。ところが入社してしばらくすると落ちたはずの河野が編集局にいるではないか。「君は入社試験に落ちたのになぜここにいるのか」と聞くと、河野は「裏口入社というのを知らないのか」と言ってシャアシャアとしていたという。

そのあと河野は編集局で校正などウダツの上がらぬ仕事をしていたが、いつの間にか経済部に移りさらに政治部に籍をおくようになる。彼は本をほとんど読まなかったし、自分で記事を書いたこともなかったが、情報取りに特殊な才能を発揮した。

そのうち農林省詰になり、やがて犬養毅内閣のとき山本悌二郎農相の秘書官に納まってしまう。抜群の行動力と抜け目なさが早くも発揮されたわけだ。さらに昭和七年の総選挙で衆議院議員に初当選を果たす。三十五歳の若さだった。昭和十三年には同十五年に開催予定だった東京オリンピックに反対し、やめることにしてしまう。前年の十二年に日中戦争が始まっていた。河野は国会で当時の近衛文麿内閣の杉山元陸軍大臣に「万歳万歳に見送られ戦争に向かう青年がいるのに、一方で士官学校を出てオリンピックの練習をしているやつがいる」と食い下がり、とうとうオリンピックをやめさせてしまった。

ところが同じ彼が、戦後、昭和三十九年の東京オリンピックでは開催の推進役となっている。この辺も河野の面白いところだ。私は三十九年に特派員としてモスクワに行き四十一年に帰国したが、この間に日本も東京も驚くほど変わっていた。新幹線が走り東京のど真ん中、青山通りの道幅は三倍近く広くなり、その上を高速道路が通っていた。短期間にこれを実現させたのが建設相、オリンピック担当相として指揮を執った河野である。彼の物事を解決する時のスピードと実行力に目を見張る思いだった。

飲めない酒「国のため」と一気に

河野は戦前選挙活動で、戦後は追放令違反で二度刑務所に入っている。しかし、戦後は他の囚人の面倒見がよく牢《ろう》名主的存在だったらしい。彼はその体験を「スリや泥棒は人間的にダメ、人殺しや強盗のほうがマシ」といっていた。

政治家としての最大の功績は鳩山首相を助けて日ソ国交正常化を実現させたこと。彼はモスクワに乗り込んでブルガーニン首相、フルシチョフ第一書記と渡り合った。フルシチョフからウオッカを勧められると酒は全く駄目なのに〝国のため〟と一気に飲み干すなど体を張って交渉し、ついにクレムリン宮殿での調印式にこぎつけた。

剛腕河野は半面、香水を常用、爪《つめ》にマニキュアをするというダンディーぶりだった。記者に対しても替え上着は駄目、夏も背広にネクタイを強要、酒を飲んでの夜回りには会わないと厳しかった。

仲が悪かった池田勇人が首相になったとき脱党して新党結成を図ったことがある。本人は資金準備もでき五十人以上はついてくると計算していたが、子分だった中曽根康弘から〝半分もいない〟といわれ断念した。その後、池田内閣に協力、禅譲を狙ったが佐藤栄作に先を越されて望みを絶たれる。その直後四十年七月失意のうち亡くなった。

藤山愛一郎

財界のエースから政界に転身

安保条約改定の責任者

「僕が作らせて使っていたものです。よくできているのでモスクワで使ってください」
——昭和三十九年、私がモスクワ特派員になったとき藤山愛一郎さんから〝御餞別《せんべつ》〟といってアタッシェケースをもらった。黒い革製で、使い込んでいたせいか革のしっとりした味がでていた。餞別に金や仰々しいものでなく自分が使っていたものを贈ってくれた彼に尊敬の念を深めた。

戦前から戦後にかけ財界のエースといわれた藤山愛一郎が岸信介首相の要請で一転政界に身を投じたのは昭和三十二年のことであった。

岸は病気で突然退陣した石橋湛山首相の後を継いで首相に就任、当初は前内閣の閣僚を全員留任させた。しかし、半年後、自前の内閣をつくり兼任していた外相に藤山を起用した。長年、岸の政治活動を経済的に支援してきた恩に報いたのだといわれた。藤山は岸が政治生命をかけた日米安保条約改定交渉の責任者としてこの実現に大きく貢献した。当時、藤山は財界トップの一つ、日本商工会議所の会頭だったが思い切って辞任、さらに数十社にのぼる企業の社長、会長からも身を引きノーバッジのまま外相に就任した。六十歳だった。

政界入りした当初、彼は日本屈指の大金持ちといわれていた。事実、大日本製糖、日東化学、日本ナショナル金銭登録機など有名企業のオーナーとして、いまなら数百億円を超える大量の株を持っていた。

また、東京・芝白金には敷地五千坪の広大な邸宅があった。政界入りしたころ、誕生日には大勢の政財界有力者をこの自宅に招き盛大なパーティーを開いた。私も何度か招かれたが、広大な庭のまわりには高い木々が茂り隣家は全く見えない。この庭に贅沢《ぜいたく》な模擬店が並び、一流芸者やホステスのお酌で好みの酒を飲み、食事をとりながら三々五々歓談するという趣向。東京のど真ん中でこれだけ豪勢なことが個人でできる者は他にいなかった。いまは、その屋敷跡に都ホテルなどが建っている。

さらにルノアール、ビュッフェ、ドラン、梅原龍三郎など超一流画家のコレクションの持ち主でもあった。

総裁選に三度挑戦

政界進出に際し「絹のハンカチをぞうきんに使うな」と警告する声もあったが、彼は引き続き昭和三十三年、神奈川から衆議院選挙に出て当選した。以来十九年間にわたり政治活動を続ける。この間、藤山派を結成し総理・総裁を目指す。

まず昭和三十五年、ポスト岸で池田勇人、石井光次郎と総裁の座を争い、せいぜい十二、十三人という事前の予想をはるかに上回る四十九票を獲得、政界を驚かせた。ついで三十九年に池田首相の三選阻止に立つも池田勇人の二百四十二票に対し七十二票と得票が伸びず、さらに四十一年佐藤栄作再選阻止のために立候補したが八十九票と二百票の大差を付けられ、総裁への野望を絶たれた。この間、政治活動資金を出身の経済界に一切頼らず全部自前で賄ったため、膨大な資産を次々と処分し最後は典型的な井戸塀政治家になってしまった。

しかも、事務所を置いていた赤坂のホテルニュージャパン（これも藤山がつくったもの）

が火事で全焼してしまう。そのため晩年熱意をもやした日中関係の貴重な美術品や資料も灰と消える。すべてを失ったあとに移った日本橋の事務所は、横に机を二つ並べて置けないような狭いところだった。

あの藤山さんがこんな所に――と思ったが本人は昔と変わらぬ笑顔で迎えてくれた。自宅も六本木に移った。一度訪ねたいと言ったら秘書が「人が行くと奥さんの居場所がなくなるような小さい所だから……」と言ったのでやめた。こんな状態になっても全盛期と同じように淡々としかも魅力的な笑顔を絶やさなかった。

前尾　繁三郎
総理とめったに会わない名幹事長

総裁選には二度、立候補

「前尾が会いたいと言っているので来てくれませんか」――昭和四十三年の十月半ば頃だったと思う。前尾の秘書から電話がかかってきた。

赤坂の宏池会（前尾派）事務所に行くと、待っていた前尾が早速話しだした。「総裁選に出るべきかどうか考えているところだが清宮君はどう思うかね」

前尾は昭和三十九年秋、池田勇人ががんで首相の座を退き佐藤栄作に政権を移譲したあと、池田派を引き継ぎ宏池会の会長になっていた。

「派閥のリーダーなんだから今度は正式に立候補した方がいいと思います」と言ったら「そうかね」と。彼は四十一年に佐藤が総裁に再選したとき、宏池会が草刈り場にされないため一応名乗りだけ上げ、佐藤二百八十九票、藤山愛一郎八十九票に続く四十七票を得ていた。

間もなく三木武夫（外相）が出馬を表明、前尾も立候補した。ただ、結果は佐藤二百四十九、二位三木で百七、前尾は九十五票と三木にも負け三位に終わった。以来、派内での前尾の威信と影響力は低下していく。

前尾は昭和四年に東大を卒業すると大蔵省に入省した。だが翌年結核にかかり休職し五年後にやっと復職、和歌山税務署長になった。同じ頃、大蔵省で四期先輩の池田も天疱瘡《てんぽうそう》という難病にかかって休職、その後復帰し大阪・玉造税務署長となった。豪放磊落《らいらく》な池田、読書家で教養豊かな前尾と二人は性格も人柄も正反対だったが、大病で数年の休職を余儀なくされ、出世コースから外れていたことなど似たような境遇にあった。しかも、任地が近く酒が大好きだったのでよく会って飲んでいるうちに肝胆相照らす仲となった。

戦後二人は政界に進出する。酒好きの前尾は、街宣車に七輪を持ち込み熱燗《あつかん》を飲みながら選挙運動をしていた――との逸話もある。

やがて池田が首相になると前尾は幹事長として彼を支えた。ただ池田が「この男は女房役なのにオレのところへは、ほとんど顔を見せない。それでもお互いに相手が何を考え、何をしたいと思っているかが分かるから全く支障が無いんだ」とよく話していたように、二人の強い信頼関係で池田は順調に政局を運営することができた。

蔵書四万冊の読書家

前尾は小学校の頃から読書が好きで「朝起きてから寝るまで、授業中も机の下で、夜は薄暗いランプの下で本を読みふけっていた。その罰で強度の近視眼になってしまった」と自著の中で書いている。たしかに彼は度の強いメガネをかけていた。加えてヌーボーとした風貌《ふうぼう》から「暗闇の牛」のあだ名がつく。

読書家前尾の蔵書は、欧米の原書も含め四万冊といわれたが、自らも「政治家の歳時記」「政治家のつれづれ草」「現在政治の課題」「政の心」など十数冊の著作を残している。私も何冊かもらったが、いずれも高い教養に裏付けられた格調の高いものばかりだ。その一方、三味線などなかなかの芸達者で小唄は春日流の名取だった。前尾と親しかった黒金泰美（官房長官）から「名取になって喜んでいるから聞いてやろうや」と誘われ、前尾が設けた席で一杯飲みながら弾き語りを聞いたこともある。

昭和四十五年、佐藤四選がほぼ確実な優勢となった際、前尾は出馬を見送った。「見合わせれば内閣改造の際、副総裁などで優遇する」との話にお人よしの前尾が乗ったためといわれるが結局改造は見送りとなった。

そんなこともあって若手を中心に派内の不満が噴き出し、やがて前尾派は大平（正芳）派となる。このあと彼は昭和四十八年から五十一年まで衆議院議長を務めた。田中角栄がロッキード事件で首相を退いたとき後任に彼の名前も上がったが「議長は首相になるべきでない」と相手にしなかった。昭和五十六年、七十五歳で死去。

安倍　晋太郎
政治家は簡単には育たない

落選中にじっくり選挙の基礎つくり自信つける

「僕は三回目の選挙で落ちた。そして次の選挙まで三年四カ月も休むことになった。初当選（昭和三十三年）の時の同期、竹下登（首相）金丸信（総務会長）たちは、昨年衆議院から勤続二十五年の表彰を受け国会議事堂の中に写真が掲げられた。僕だけは落選中の空白があるため額をあげてもらえず情けない思いをした……」。竹下らが表彰されて間もない頃、安倍晋太郎は親しい者たちとの酒席でこう述べ「落選したとき、どういう顔をしたらいいのか実に難しいことが分かった。無理して笑っていると〝少しもこたえていない〟と批判される。しょげかえっていると〝あいつはもう駄目〟といわれる。ただ僕は落選中、選挙区にじっくり腰を据えて一軒一軒訪ね歩いた。共産党の家にまで上がり込んで話をした。これで僕の選挙の基礎ができ、自信もついた」と落選のときの自分を振り返りながら語った。

安倍と最初に出会ったとき彼は毎日新聞、私は時事通信の首相官邸詰の記者だった。当時、吉田茂が上京したときに泊まる目黒の外相公邸や大磯の吉田邸の門前で一緒に張り込みをした。やがて石橋内閣ができて岳父の岸信介が外相として入閣すると安倍は毎日を辞めて秘書官になった。間もなく石橋首相が兼任していた防衛庁長官に専任の長官を起用することになる。先日まで記者仲間だった気安さから安倍に「防衛庁長官は誰だろう？」と聞いたら「小滝彬じゃないの」と。これが特ダネになった。

安倍はこういう気さくな面があり、また友人関係を大事にしていたから、古くからの記者仲間から「アベちゃん」「アベちゃん」と親しまれていた。やがて三木内閣に農相として初入閣、親分の福田赳夫が首相になると官房長官、さらに、鈴木内閣では通産相、中曽根内閣で外相と要職を歴任した。

昭和六十一年、福田派を継承して派閥の実力者になりポスト中曽根で竹下登、宮澤喜一と総裁の座を争った。このとき中曽根は次の総理に竹下を指名したが、安倍は竹下内閣で幹事長となり次期首相の最有力候補となった。

ところが予想もしなかったリクルート事件が政界を直撃した。竹下、安倍、宮澤、渡辺美智雄らの実力者が軒並み秘書名義でリクルート未公開株の譲渡を受けていたことが判明、次々と辞任に追い込まれ竹下も国会での消費税成立と引き換えに退陣した。

病魔と闘いながら新人二十二人を当選させる

追い討ちをかけるように病魔が安倍を襲う。総胆管結石治療の名目で入院、手術を受けたが実際はがんだった。

そのあと〝見舞いに行きたい〟と言ったら自宅で会おうといわれ同じ年の七月十二日、富ヶ谷の自宅を訪ねた。珍しく和服姿だったが手術後とは思えぬ軽い身のこなしで顔色も良かった。「元気そうで安心した」と言ったら「いろいろいわれているがこの通り元気よ。まだ管が腹に入っているから夜は病院に戻るけどね」と。

そしてリクルート事件について「僕らは少しも悪いことをしたとは思っていない、本当に知らなかった。しかも自分の懐に入れたわけではない。派閥の仲間のため、党のためにやったのだ。それでもいったん役職を辞めた。それなのに一切役職に就くな、何もするな――というのはひどすぎる」「政治家はそう簡単には育たない。十年くらいはわれわれでと思ってやってきたがこんなことになり、いま政界には人がいない」と次々と憤懣《ふんまん》をぶちまけた。

このあと小康を得てソ連を訪問。直後の総選挙ではヘリで飛びまわり派閥の新人二十二人を当選させた。だがその後再び入院。平成三年五月、総理就任の夢を果たすことなく亡くなった。六十七歳だった。

船田 中
一番尊敬している政治家です

在日米軍幹部と歌舞伎座で二十五年間「フナダ・パーティー」

「この方は私が一番尊敬している政治家です」壁に掲げた船田中の写真を指さしながら部屋の主がこう言った。場所は米国務省。相手は日本部長(一九七九〜一九八八年)のジェームス・アワー(のちバンダービルト大教授)である。

昭和五十五年、ある国際会議に出席のためワシントンに行った際、米国の政治家や経済人など十数人と会って意見を交換した。その際米国の友人から「面白い人物がいるから……」と紹介されたのがジェームス・アワーである。

それにしても国務省の役人がなぜ船田中なのか。船田は昭和三十年、鳩山一郎内閣の防衛庁長官に就任すると草創期の自衛隊と在日米軍の関係緊密化を図るためポケットマネーで「フナダ・パーティー」を開催。以後、亡くなる前年の昭和五十三年まで毎年続けてきた。歌舞伎座で公演される芸者の「赤坂をどり」を見、幕間《まくあい》にビールや軽食でひとときを過ごすという趣向で在日米軍司令官や第七艦隊司令官、その他米陸海軍の高級幹部が夫人同伴で出席。多いときには総勢二百人を超す盛況ぶりだった。その間、在日米海軍の中堅幹部だったアワーも何回も呼ばれるなど、長い交流が続くうちにすっかり船田にほれ込んでしまった。船田が米国の建国二百年の式典に招かれた時も、日本を出発してから帰国するまで終始副官か秘書のように付き添って世話をしていた。

船田は東大を卒業すると内務省に入り東京市長代理などを務めたあと、昭和五年衆議院選に当選、政治家になった。同期に大野伴睦、林譲治（元衆議院議長）、犬養健（法相）らがいる。その縁もあって戦後大野派に属したが、大野の死後分裂した派の一方を率い船田派を結成した。

この間三十八年、衆議院議長となり、四十年十一月、議長として日韓条約を強行採決、さらに議長職権で本会議を開き動議合戦、牛歩、演壇占拠、つかみ合いの中、三日間で関係議案を採決した。

そのとき毎日六時間以上深夜も議長席に座ったまま一度も中座しなかった。そのため朝から水もお茶も飲まず頑張り抜いた。日韓関係の正常化がアジアのため、日本のため必要との信念があったからである。ただ、直後に責任を取る形で議長を辞任した。しかし四十五年、再び衆議院議長になり四十七年まで務めている。

「政治家は世論に流されず将来を洞察する眼力が必要」

私生活は明治の人らしく質素で時々一緒にゴルフをしたが、ゴルフシャツなどは持ってなかったようで、いつも洗い晒《さら》しの古いワイシャツを着てプレーしていた。

五十二年、自民党副総裁になったとき「僕は今の中堅、若手をよく知らない。あんたがこれはと思う人と一緒にメシを食いながら話をしたい」といわれ中曽根康弘、竹下登、安倍晋太郎、宮澤喜一の四人を推薦、船田が一人ずつ招いた席に私も同席させてもらった。中曽根は船田をうまく持ち上げ、竹下はあくまで先輩船田に礼を尽くし、安倍、宮澤はそれぞれ対応に個性が出て興味深かった。

船田はよくこう言っていた。「日本の政治は昔から気分、ムードに動かされる傾向が強く合理主義は冷遇される。その典型が戦前の国際連盟脱退だ。松岡洋右全権が帰国した時、国民は凱旋将軍のように歓迎した。しかし、日本は国際的に孤立し、その後軍部の台頭、第二次大戦へと突入していった」「政治家は世論に流されず日本の将来を洞察する眼力が必要だ」——昭和五十四年、八十三歳で没。

灘尾　弘吉

〝自民党三賢人〟の一人

言い出したら後に引かず　こうと思えばテコでも動かない

昭和五十七年の暮れ、灘尾弘吉から食事の誘いを受けた。指定の料理屋に行くと彼が懇意にしていた新聞記者OBが二人いた。

灘尾は早速、われわれに「実は今期限りで政界を引退する。年内に公表するつもりだ」と語った。私は「まだ次の総選挙が決まったわけでもないし、仮に衆議院の任期いっぱい務めれば再来年の七月まで一年半以上もある。慌てることないじゃないですか」と翻意を求めた。他の二人も同意見だった。ところが「決心した以上、世間にもなるべく早くはっきりさせた方がいい。そうでないと後継者にも迷惑をかけることになる」と言って聞かない。

彼は昔からいったん言い出したら後に引かないところがあった。〝これは止めても無駄だな〟と思ったが「とにかく年末の慌ただしいときにそんなことをいきなり持ち出すのはやめて、暮れ、正月ゆっくり考え年が明けてから決めたらどうですか」と妥協案を出した。「まあ、考えておこう」ということだった。そんなやり取りがあったせいか、暮れの意思表示はなかったが年が明けると早々に「引退」が公表された。こうと思ったらテコでも動かない灘尾らしい身の処し方だった。

彼は東大を出ると内務省に入り終戦の年の昭和二十年四月次官になった。だが戦後、公職追放処分を受け浪人生活を余儀なくされる。二十六年、やっと追放解除となり翌二十七年の衆議院選挙に立候補、当選する。四年後石橋湛山内閣で文相に就任、以来文相の椅子に座ること六回に及んだ。この記録は今日まで破られていない。ほかに厚相、自民党総務会長を歴任、昭和五十四年から二回にわたり衆議院議長も務めた。

この間、昭和四十一年の佐藤（栄作首相）二選が決まった総裁選では、本人が立候補の意思表明をしたわけでもないのに十一票の支持票が入り周囲をびっくりさせた。「どうしてこんな票がひょっこり出てきたのかわからなかったが、総裁選のあり方に対する反発でもあったのだろうか」と言っていたが、高潔な彼の人柄に対しひそかに期待する者が自民党国会議員の中にかなりいたということだろう。

「ハッタリ?ウソをいうのか」と選挙の演説は大学の講義なみ

灘尾は瀬戸内海に浮かぶ能美島の出身で、そこを選挙地盤の拠点の一つにしていた。「一度僕の故郷を見てくれ」と言われ、行ったことがある。想像していた通り鄙《ひな》びたところだった。土地の支援者によると選挙のときの演説も灘尾流で堅苦しく、大学の先生の講義みたいなので「もう少し農村、漁村などその土地土地の話題にふれ、少しはハッタリもいれたら」といってみたが「ハッタリ?　ウソをいうのか」と受けつけず、その後も終始灘尾流を貫いたようだ。ただ、そうこうするうちに彼の真面目な人柄に心酔する者が次第に増え選挙も安定していった。

後年、勲一等旭日桐花大綬章を受けたので周囲がそれを祝うパーティーを東京のホテルで開いた。例によって「祝いのパーティーなどもってのほか」といって聞かない。発起人の一人福田赳夫元首相が「灘尾さんは因業な人で〝祝ってもらうようなことは何もしていない〟という。やむなく〝健康をお祝いする〟ということにした」とあいさつしていた。関係者も「俺はそんなパーティーには出ない」と言い出すのでは……とヒヤヒヤしていた。このとき灘尾は八十三歳。政界引退後も世田谷・岡本町のつつましやかな私邸に時々招かれ、椎名悦三郎、前尾繁三郎と並んで〝自民党三賢人〟の一人といわれた灘尾との格調高い会話を楽しませてもらった。平成六年自宅で死去。九十四歳だった。

川島　正次郎

幅広い人脈と豊富な情報を持つ

「政治はネ、メシを食うことだよ」

「政治はネ、メシを食うことだよ」

川島正次郎と数多く交わした会話の中で一番印象に残っているのは、この言葉である。彼はほかにも〝政界一寸先は闇〟〝要は勝つこと。敗《ま》けた後に文句を言っても何の解決策にもならない〟等々政治にまつわる幾つかの名言を残している。

だが、派閥政治全盛期ともいうべき昭和三十～四十年代当時の政界で総勢二十数人の少数派閥による川島が存在感を示し得たのは、政界はじめ各界にまたがる幅広い人脈と豊富な情報を持っていたからである。そのため彼は連夜のように待合や料亭で政治家や実業家、言論人たちとメシを食っていた。

川島は、明治二十三年生まれ。東京の下町育ちの江戸っ子である。

夜間の英語学校から専修大学に学び旧内務省に入る。もっとも高級官僚への道につながる高等文官試験に合格していたわけではなかったから省内では傍流で地位も低かった。しかし、選挙の情報集めなどをしているうちに内務大臣、後藤新平の目にとまり後藤が東京市長になると末席ながら秘書となる。

さらに昭和三年の衆議院選挙に出馬し初当選を果たす。その後、東条内閣で商工大臣をしていた岸信介と知り合う。以来戦中、戦後一貫して行動を共にし、岸内閣の実現に貢献した。川島によるとその時もっとも有効だったのは彼がメシを食いながら築いた人脈だったという。

川島は下町で育ったから和服の着こなしがうまく、小唄や端唄《はうた》などお座敷芸も達者だった。そのせいで芸者たちに人気があったし、呼ばれた客も彼の明るくにぎやかな座敷に喜んで出席していた。

一時期、変わったところで歌手のこまどり姉妹をひいきにし、よく座敷に呼んで歌わせていた。私も何度か聞いたことがある。

彼は戦後、鳩山内閣の自治庁長官や行政管理庁長官を経て岸内閣の幹事長となり一流政治家の仲間入りを果たす。さらに、次の池田内閣でも再び行管庁長官など閣僚を歴任、昭和三十九年、党副総裁に就任する。

独自の才覚で政治を動かす　看板は〝ホトケの正次郎〟

池田がガンで退陣した際に、一時河野一郎を担ぐ気配をみせたが結局当時の三木武夫幹事長と組んで佐藤栄作総裁への道を開き、その功績をかわれ佐藤内閣でも副総裁に留任した。

この間川島は、岸が首相を退陣したあと昭和三十七年に岸派の一部を譲り受け椎名悦三郎、赤城宗徳らと川島派を結成した。当時政界では政権を狙うには最低五十人、できれば八十人以上の派閥を抱える必要があるといわれていた。だが彼は「派閥の適正規模は二十〜三十人、それ以上の大派閥をつくったら悪いカネに手を出さねばならなくなる」といって派閥を大きくしなかった。こういう彼の姿勢に大派閥によって政権を狙う政治家たちは安心して川島を使った。

その川島は小派閥を基盤に自称〝ホトケの正次郎〟を看板にしながら独自の才覚と遊泳術で舞台裏から政治を動かした。

晩年、彼は持病のぜんそくに悩まされていた。ハワイは気候風土がぜんそくの治療に良いというので政局が比較的落ち着いている頃を見計らって、たまにだがハワイに静養に行っていた。

昭和四十五年十月、佐藤は総裁選で四選を果たした。その流れをつくったのも川島だった。彼は引き続き副総裁に留まった。しかし僅《わず》か十日後の昭和四十五年十一月九日、川島は持病のぜんそくのため東京の自宅で急死した。八十歳だった。予定では翌十日から療養のためハワイに行くことになっていた。

重光　葵

もう思い残すことはない

片脚切断手術の直前に病院で停戦協定に署名

重光葵に初めて会ったのは昭和二十七年三月、彼の公職追放解除が正式に決まって間もないころだった。

「重光はいずれ政界に出るから会っておくといい」と、戦前から重光と懇意にしていた元内務官僚の伯父が紹介状を書いてくれた。

当時重光は鎌倉海岸材木座に住んでいた。この家は横浜の英国商人モリソンが明治時代に建て、その後関東大震災で受けた被害を修復した古い洋館で、土地の人は〝モリソン屋敷〟と呼んでいた。

玄関で来意を告げるとすぐに松葉づえをついた本人が一人で玄関に現れた。立ち話で伯父の近況を聞かれたり十分ぐらいも話しただろうか、印象に残るような内容は何もなかった。ただ中国で爆弾のため片脚を失った事件は有名だったので、その彼と咫尺《しせき》の間に接したことにある種の感慨を覚えた。初対面はこのようにあっけないものだったが、後年重光が鳩山内閣の外務大臣になったとき、私は時事通信の外務省詰記者だったので、今度は連日のように接触を重ねた。

重光は明治二十年、大分県に生まれた。東大を出て外交官となり昭和五年在中国公使に任命される。翌六年満州事変、さらに翌七年に上海事変が勃発《ぼっぱつ》した。彼は中国との停戦交渉に奔走し協定を締結するばかりにこぎ着けた。

ところが同年四月二十九日の天長節（昭和天皇誕生日）に上海で居留民団主催の大々的祝賀会が開かれているとき爆弾が投げ込まれた。重光は右脚に重傷を負い、結局この脚を切断しなければならなくなる。しかし彼は「停戦を成立させねば日本の前途は取り返しのつかぬことになる」と事件の七日後、切断手術直前に病院で激痛をこらえ停戦協定に自ら署名した。

なお、この爆弾事件で重光の隣にいた野村吉三郎第三艦隊司令長官（海軍大将）は片目を失ったがのち外務大臣、駐米大使（日米開戦時）になっている。

また、陸軍軍司令官白川義則大将は当時軽傷といわれていたが同年五月二十六日に死亡した。

重光はこのあと日本に帰り、翌八年三月まで故郷の大分県別府で静養していたが、同年外務次官昇進、さらに十一年駐ソ公使、十三年駐英大使と片脚にもかかわらず外地で要職を歴任した。そして十八年太平洋戦争中の東条内閣、引き続き十九年小磯内閣で外相を務め、さらに終戦直後の東久邇内閣でも外相に就任している。

米国戦艦ミズーリ号で日本の降伏文書に調印

東久邇内閣では政府を代表して日本の降伏文書に署名するという考えようによっては屈辱的任務を与えられた。片脚の彼は東京湾に浮かぶ米国の戦艦ミズーリ号の甲板にボートから吊るし上げられ、軍を代表する梅津美治郎参謀総長とともに署名調印した。

重光は多年日記をつけていた。このあとA級戦犯として巣鴨刑務所に入っていた際も詳細な記録を残している。彼は東京裁判は勝者の一方的裁判との見解をとっているが、獄中での仲間たちの醜態について具体的な事例を挙げ嘆いている。

「陸軍出身の橋本欣五郎とイタリア大使白鳥敏夫が口論から橋本がアメリカ看守の前で

白鳥をぶん殴って白鳥の眼鏡がすっとんだ……」

「われ勝ちに人を押しのけて共同風呂に入る……頭に石鹸《せっけん》をつけたまま湯船で洗ったりヒゲをそって看視兵に叱られる」

「廊下でもどこでも煙草《たばこ》の吸殻を平気で捨てる。ツバキをいたるところに吐く。遊歩のとき半裸体になって妙な服装になるのはまだしも某大将らが庭の一隅に代り代りに行って小便をする。それを監視者やＭＰが軽蔑《けいべつ》の目でみていた……」と。

「日ソ国交回復」に向けて全権大使でモスクワ入り

重光は昭和二十一年、戦犯容疑で巣鴨刑務所に入れられ、裁判の結果七年の禁固刑を言い渡された。だが同二十五年、刑期を一年残し減刑で保釈される。そして二十七年、追放解除が正式に決定したあと六月には早くも改進党総裁に選ばれている。その後、保守合同で二十九年に鳩山内閣が成立すると戦前に引き続き四度外相となった。

当時、私は前述のように時事通信政治部で外務省を担当していたので、頻繁に重光に会って取材していた。当時の外務省は日比谷の日産館に仮住居していたが夏は冷房もなく暑かった。しかし記者たちは皆背広にネクタイをしていた。これを見てあるとき重光が「日本の夏は暑いんだからもっと軽装にしたらいい。君らもそうしたまえ」と言って、自分は翌日からアロハシャツを着てきた。〝あの謹厳な重光さんが……〟と驚いたが、記者の方は以後もアロハ姿で出てくる者は一人もいなかった。外相時代時々都内の家を訪れた。彼が帰宅しているとき、玄関の土間に義足がポツンと立っていたのが今も強く印象に残っている。

彼は三十一年、日ソ国交調整の全権としてモスクワに行き八月十日ブルガーニン首相、フルシチョフ第一書記とクレムリンで会談した。「片脚に　重き思いを託しつつ　クレムリン宮の奥深く入る」と歌を詠んでいる。

このときは妥結に至らなかったが、このあと鳩山首相が直接モスクワに乗り込み、領土問題を棚上げすることで妥結にこぎ着けた。

マ元帥が重光に「日本の幸福に最も貢献したのは天皇陛下だ」

昭和三十一年九月二日、重光は日本占領時代の米軍司令官マッカーサー元帥が住んでいるニューヨークのウォルドルフ・アストリアホテルに同元帥を訪ねた。重光はまず昭和天皇の「自分は米国人の友情を忘れることはない。とくに元帥の友情に感謝、その健康を祈っている」との言葉を伝えた。

これに対してマ元帥は「私は陛下にお会いして以来、戦後の日本の幸福に最も貢献したのは天皇陛下だと断言するに憚《はばか》らない。にもかかわらず陛下のなさったことは未《いま》だ十分に世に知らされていない。陛下は戦争責任の問題を自ら持ち出され〝私は戦争遂行に伴う如何《いか》なることにも、また事件にも全責任をとる。また日本の名においてなされたすべての軍事指揮官、軍人および政治家の行為に対して直接責任を負う。自分の運命について貴下の判断がいかようなものであろうとも私は全責任を負う〟といわれた。私はこれを聞いて興奮のあまり陛下にキスしようとしたぐらいだ。この天皇に対する私の尊敬の念は、その後ますます高まるばかりだ。帰られたら自分の心からの尊敬の念を陛下にささげてほしい」と言ったという。そして重光は手記の中で「このことは陛下御自身はもちろん宮中からも少しも漏らされていない。それが敵将占領軍司令官自身の口から語られたのだ。なんと素晴らしいことであるかと思った」と書いている。

その年の十二月十二日、国連安保理事会で日本の国連加盟が可決された。引き続き十八日、国連総会でもこれが可決され、義足の重光は杖《つえ》をついて登壇、満場の拍手の中、英語で「日本は東西の懸け橋となる」との受諾演説をした。

翌十九日、ニューヨークの国連ビル正面広場に八十番目の国旗として日の丸が掲揚された。このとき彼は感慨を歌に託し、

「霧は晴れ　国連の塔は輝きて　高く掲げし日の丸の旗」と詠んだ。

十二月二十五日、使命を果たした重光は帰国した。帰途、彼は同行していた腹心の加瀬俊一（のちの国連大使）に「もう思い残すことはない」と語っている。ただ帰国直前に鳩山内閣は総辞職、代わって石橋内閣が発足していた。

そのため重光も外相の任を解かれていた。その僅か一カ月後、彼は神奈川県湯河原の別荘で狭心症のため急死した。まだ六十九歳だった。

梶山静六
政治家は人を知ることが大事

田中角栄に口説かれて県議から衆院選に出馬

「政治家はまず人を知ることが大事。そのため一番効果があるのは酒だと思いますね。酒が入ると一年かかるところが三カ月で理解できる。だから、よく宴席で渡り鳥のように飛び回る人が多いが、私は一カ所に腰を落ち着けて四時間、五時間と飲む。とくに国対委員長をやったときは睡眠時間四時間、そして一升酒で他党の連中と付き合った」――梶山からこんな話を聞いたことがある。

たしかに彼は酒が強かったし酒席の付き合いを大事にしていた。だが、こんな無理がたたったのか、結局体を壊し平成十二年七十四歳で亡くなった。

梶山は陸軍航空士官学校を卒業後、旧満州で終戦を迎えた。日本に帰国後、日大工学部を経て家業の石材業を継いだあと、茨城県議になり若くして議長となった。そのころ、茨城を訪ねた田中角栄に口説かれ、昭和四十四年初出馬で衆議院議員に当選する。このあと竹下登の旗揚げに参加し、やがて派閥の中核的存在となる。親分の金丸信から「平時の羽田（孜）、乱世の小沢（一郎）、大乱世の梶山」と呼ばれたのは有名だ。

ただ、戦中戦後の厳しい時代を生き抜いてきた梶山の生活態度は、高度成長期に差しかかっても浮ついたところがなかった。

「政治家として守るようにしていることは、①志は高く②政治は活発に③生活は質素に――で、私はずっと議員宿舎に住み、料理は自分で作っている。六十（当時）も半ばを過ぎ〝何で今さら〟と思うが、政治家なんてこんなものだと考えるようにしている」と私に語ったことがある。

竹下内閣で自治大臣兼国家公安委員長として初入閣したあと、法務大臣（海部内閣）、内閣官房長官（橋本内閣）、党幹事長（宮澤内閣）と要職を歴任した。ただ、幹事長時代に小沢一郎らが党を離脱して、野党の不信任案に同調、分裂選挙となり自民党は野党に転落する。彼はその責任をとって幹事長を辞任した。

人口、資源、地球環境と国の将来を憂えていた

平成十年、橋本首相が参議院選挙敗北で退陣したあとの総裁選に立候補したが、小渕恵三に敗れた。ただ最下位を予想されながら小泉純一郎の得票を上回り辛うじて面目を保った。

晩年の梶山は日本の将来を憂いながらこう語っていた。

「日本はどの分野で国際社会に貢献すべきか。なんだかんだといっても経済力があるから信用され、あてにされている。しかし経済力が崩壊すればその反動でひどい目に遭う。だから何とか経済を若干でも伸ばしていくことが必要だ。そのため人口問題、資源、環境問題が重要ではないか。われわれは将来のために地球環境を何とか残す努力をすべきだ。日本はこれから本当の意味で科学技術を振興し公害を除去する技術を産業にまでつくり上げて、これを諸外国にもっていかなければならない。例えば大気の循環の中で二酸化炭素をどうすれば吸収できるか、それが地球温暖化をとめる一番の道でもある」——と。

私がこうした彼の指摘を聞いたのは今から約十五年前だった。当時の政治家でこんな意識を持っている者はめずらしかった。

梶山は交通事故に遭い体調を崩して引退を表明、前述のように平成十二年に亡くなった。

藤波　孝生
政権を期待された文人政治家

「ふれしもの　みな有難し　濃紫陽花」

藤波孝生の生家は、三重県伊勢市に長く伝わる「利休饅頭《まんじゅう》」という土地を代表する和菓子屋。

彼も早稲田大学を出たあと県会議員になるまで店で早朝から饅頭をつくっていた。この饅頭は私も何度か食べたが、あっさりしていながら味に深みがあるなかなかの銘菓だった。ところが藤波は土産や贈り物に自分のところの利休饅頭ではなく、伊勢のもう一つの有名和菓子「赤福」をよく使っていた。

そこで本人に「どうしてご生家にあんな美味《おい》しいお菓子があるのに赤福を使うのですか」と聞いたことがある。彼は笑って「やはり伊勢といえば赤福でしょう。もらった方も赤福の方が喜ばれると思うので……」と答えた。何事にも控えめな人柄があらわれていると思った。

藤波は昭和四十二年、衆院選に初出馬以来、順調に当選を重ね、同五十四年、大平内閣で初入閣、労働大臣になった。このとき就任の挨拶《あいさつ》で「慎みをもって事にあたり信頼をもって人に接す」と語っている。

ただ大平が急死したため、在任期間は八カ月だった。退任するとき、講堂で幹部たちに挨拶したあと玄関に向かう。そこにも大勢の職員が見送りのため集まっていたが、彼は突然「ちょっとお礼を言いたい」といって電話交換手、用務員、エレベーター乗務員の控室に行った。ところが、どの部屋も手の離せない者が数人いるだけ。実は藤波は在任中、こうした人たちを大臣室に呼んで直接労をねぎらっていた。そこで、この日は時間にゆとりのある者が真っ先に玄関に出て藤波が出てくるのを待っていたのだ。

身分に分け隔てなく人を大事にする藤波らしい逸話である。彼は孝堂《こうどう》の俳号で多くの俳句を残しているが、このとき「ふれしもの　みな有難し　濃紫陽花《あじさい》」と詠んでいる。

「控へ目に　生くる幸せ　根深汁」

藤波は大臣就任に先立ち、昭和五十二年八月当時、当選五回から一回までの福田、大平、田中、三木、中曽根など各派閥の若手を集め、新しい政策集団「新生クラブ」を結成しその座長になった。メンバーには藤波のほか、後日自民党を背負って立つ羽田孜、森喜朗、山崎拓、野田毅らがいた。

発足の日「大洋に向き　夏雲の　動きけり」と意欲を句に託し詠んでいるが、これから約十年が彼の政治家としての絶頂期で、いずれ政権を担うだろうと期待を集めていた。

やがて所属する派閥の親分、中曽根康弘が首相になると内閣官房副長官、ついで昭和五十八年には第二次中曽根内閣の官房長官として中曽根を支えた。

ただ同六十三年、突如としてリクルートコスモスの江副会長による未公開株の譲渡問題が公になり、当時の竹下内閣の宮澤蔵相が辞任に追い込まれると同じ疑惑で竹下首相も消費税成立と引き換えに退陣。さらに、安倍晋太郎、渡辺美智雄と自民党幹部が軒並み役職を退き謹慎を強いられ、中曽根の名前もあがった。

しかし、彼らはいずれも起訴を免れたのに藤波だけは受託収賄罪で起訴され政治家としての望みを断たれる。

なぜ、藤波だけがこういう目にあわねばならなかったのか。彼が犠牲になり逮捕されても黙して語らなかったから皆が助かったという人が多いが実態はよく分からない。

平成元年、在宅起訴で自民党を離党。二年の選挙に当選するが同五年の選挙で落選。八年、復帰するが、このあと二審有罪。十二年、議席を守るが、十五年、政界を引退した。その後糖尿病を患い十九年、七十四歳で死去。

俳句を愛した彼の句の中でも「控へ目に　生くる幸せ　根深汁《ねぶかじる》」がもっとも彼らしいといわれ、彼自身も「私の人生訓」といっている。

坂田　道太
僕には立派な後継ぎがいる

衆院議長を最後に引退　後継は息子でなく秘書に

坂田道太は大正五年に生まれ、昭和二十一年、戦後の総選挙に二十九歳の若さで初当選した。以来平成二年、七十四歳で政界を引退するまで連続十七回当選、四十四年にわたり議員を務めた。彼の父道男は出身地熊本の八代市長から政友会の代議士になった政界の有力者だった。

そこで坂田が引退する時、当然息子にバトンタッチするものとみられていたが、彼は「僕には立派な後継ぎがいるから」といって多年仕えた秘書、渡瀬憲明を後継者に指名し周囲を驚かした。

ところが、その渡瀬はせっかく議席を得ながら坂田より先に亡くなってしまう。NHKテレビの討論会で、ある有名政治家が勘違いして「亡くなられた坂田さんが……」と言ってしまった。たまたま奥さんがそれを聞いていて「あなた死んだのよ」と坂田に告げ、坂田が「そうか」といって笑ったという逸話がある。

坂田は概して口八丁手八丁の人物が多い政治家の中で珍しく寡黙で、人柄もいたって地味だった。だが、そんな温和な外見に似ずなかなかの酒豪だった。

ただ、料亭で芸者をはべらせ派手に飲むより、一升瓶を横に置いて新聞記者や若い政治家と飲みながら政治を語り政策を論じるのが好きだった。私も若い頃、時折そんな輪の中に入って飲んだが彼は酒が入ると結構多弁になり話題が次々と変わり、文学、芸術におよぶこともあった。

人間国宝の徳利を盗み帰り大臣就任祝いに空き箱届く

その坂田が、ある時文教族の後輩橋本龍太郎（のち首相）に誘われ、橋本の選挙区岡山在住の備前焼の巨匠、人間国宝の藤原啓を訪ねた。藤原は坂田とウマがあったらしく、初対面なのにすっかり打ちとけ、差しつ差されつ杯を重ねた。三人ともかなり酔ったところで藤原が便所に立つと、坂田が急にそわそわして「帰ろう」と言い出し、藤原が戻ると「ご馳走《ちそう》になりました」といって席を立ってしまった。

帰りの車中、橋本は尻のあたりが冷たいのに気がついた。「坂田さん変だよ。尻がびしょびしょだ」というと坂田が「あっ、そうか」といってズボンのポケットから取り出したのが藤原自作の徳利《とっくり》。

坂田は飲んでいるうちにその徳利が無性に欲しくなり藤原が便所に立ったすきにズボンのポケットに素早く入れたらしい。そこいらにあった紙で口元に栓をしたが座席に座ったので徳利が傾き中の酒がこぼれたのだ。

「黙ってろよ」「黙ってろよ」と坂田は車の中で何度も念を押し、東京に帰ると、大量の酒を藤原に送った。それから間もなく坂田は大臣になった。

すると藤原から大きな包みが大臣室に届いた。表に「御祝」と書いてある。だが中は空っぽ、ただ蓋《ふた》に見事な筆致で箱書きがしてあった。

藤原は坂田が徳利を持っていったのを知っていて大臣就任の機会に「御祝」として徳利の箱書きを送ってくれたのだ。

坂田は岸内閣の厚生大臣に初入閣したあと、文部大臣（佐藤内閣）、防衛庁長官（三木内閣）、法務大臣（鈴木内閣）と要職を歴任、昭和六十年、六十四代衆議院議長になった。

その頃、竹下登首相が消費税成立を機に辞任したとき後継総裁の打診を受けた。しかし彼は「議長経験者が首相になるべきではない」といって固辞した。

平成二年政界を引退、同十六年没。八十七歳と長寿だった。

林　譲治

母と一緒の晩酌が楽しみでね

昼間から国会下の料亭でドテラ姿の閣僚名簿作り

「今度の議長はいいねぇ。親孝行で酒が強い」――昭和二十六年、林が衆議院議長に就任した日、国会の廊下で数人の年輩事務局員が歩きながらこんな話をしていた。そういえば、この日、林の母親が息子の晴れ姿を見に本会議場の二階傍聴席に来ていた。そして後日、林本人が「僕の楽しみは母と一緒に晩酌をすること。母も酒が好きでね」と目を細めながら語ってくれた。彼が議長になったのは六十二歳と比較的若かったが、その母だから八十歳は過ぎていたはず。老境を迎えた二人が夕食をとりながら差しつ差されつ盃《さかづき》を交わす……うらやましい母子だと思った。

林は戦後の吉田内閣時代、大野伴睦、益谷秀次の党人派政治家とともに〝御三家〟と呼ばれ党運営に力を発揮していた。

ある時、ワンマン吉田首相が内閣改造を行った際に、御三家が党側の意向を盛り込んだ閣僚名簿の原案を作ったことがある。三人は早速名簿作りに取り掛かったが、集まったのは真っ昼間だというのに国会下の料亭だった。そこへ吉田首相の使いとして佐藤栄作幹事長（のちの首相）が訪問することになり、駆け出し記者だった私も佐藤を追ってこの料亭に行った。待つことしばし、やがて林らに送られて佐藤が玄関口に出てきた。驚いたことに三人そろってドテラ姿だった。酒が入っていたかどうか、そこまでは確かめようもなかったが、昼間からドテラ姿でくつろぎ〝あの男はどうじゃ〟などとやっていたであろうことが容易に想像できた。今だったらごうごうたる非難の前に、改造どころか内閣自体がすっとんでいたかもしれない。

首相官邸に六時間軟禁されても頑張りぬく

ところで林は昭和五年の総選挙に初出馬で当選した。同期に大野伴睦、益谷秀次（落選が続き二度目）、船田中、太田正孝、犬養健らそうそうたる顔ぶれがいた。後日この仲間で「昭午会」を作りよく集まり飲んでいた。林は温厚な人柄で同僚たちに親しまれたが、いざというときは、ものすごい精神力と行動力を発揮した。

彼は当選すると早速、犬養毅（木堂）内閣で文相に就任した鳩山一郎（のち首相）の秘書官になった。ところがその秘書官時代、暴漢が抜刀して鳩山に斬りかかったことがある。林は臆せずこれに立ち向かって取り押さえ、その豪胆ぶりに周囲を驚かした。

また、戦後昭和二十一年五月、第一次吉田内閣の組閣中、内閣書記官長（官房長官）に内定していた林はいわゆる食糧メーデーで首相官邸に押し掛けた共産党の徳田球一、野坂参三ら人民統一戦線の猛者たちに面会を強要され官邸内の一室に軟禁された。彼らは罵詈《ばり》雑言《ぞうごん》を浴びせかけたが、林は黙ったまま実に六時間も頑張り抜き心の強さを印象づけた。

林は東条内閣の翼賛選挙に反対、非推薦で落選したが戦後の選挙で返り咲き第一次吉田内閣の書記官長、第二次、第三次吉田内閣で副総理兼厚相を務めたあと、昭和二十六年、幣原喜重郎衆議院議長の急逝のあとを受けて後任議長に選ばれた。ところがそのあと吉田が幹事長に起用した若手の福永健司に対し党内が猛反発、一カ月たっても事態が収まらず、吉田は再び林を幹事長にして事態を収拾しようとした。

林は〝国政の最高機関たる議長が一党の人事の都合で進退するのは好ましくない〟と固辞したが結局吉田の顔を立てた。その背景には吉田の実父竹内綱と林の父有造が従兄弟で外交官出身の内政にうとい吉田が何かと林を頼りにしていたという実情があった。

彼は多忙な中、後輩の指導に労を惜しまなかった。日常生活は質素で規律正しく、後輩によく「役職のあるときは別だが普段は国会に電車で通え」と言い、自分も新宿諏訪町の自宅から電車で通っていた。時代が違うから今と一概に比較できないが一貫して生活に驕《おご》りがなかった。昭和三十五年没。七十一歳だった。

金丸　信

私は幹事長で沢山だ

「次の世代がうまく交代できる道をつけたい」

「本来なら私の方から出向かなくてはいけないのに、わざわざ来ていただいて恐縮です」

――昭和五十九年八月、ハワイで夏休みを終えた金丸信（当時自民党総務会長）が首相官邸を訪ねて帰国の挨拶《あいさつ》をした際、中曽根首相はこう言って深々と頭を下げた。レーガン米大統領に「ハーイ　ロン」と気安く話し掛ける中曽根が自分の配下に過ぎぬ金丸に対し、なぜこれほどまでに低姿勢で接したのか。金丸が中曽根政権にそれほど大きな影響力を持っていたからだ。昭和五十七年十一月、鈴木首相退陣の後を受け自民党内で後任総裁に中曽根擁立の流れをつくったのは金丸だった。彼は「中曽根嫌いでは日本一のこの金丸だがオヤジ（田中角栄）の声は天の声だ」といって中曽根一本化を実現させた。

そして冒頭の五十九年夏の官邸における会談のあと中曽根は総裁に再選されると真っ先に金丸を幹事長に指名し、党の運営一切を任せた。

その頃、私は金丸本人に「金丸総理の声もあるが」と聞いたが、「そういってすぐおだてる者がいるので〝そんな気持ちはさらさらない〟と言うと今度は〝そのうち議長に〟と言う。そこで〝それも考えたことがない〟と言っているんだ」と答え、こう付け加えた。「幹事長だって誰でもできるわけではない。私はこれで沢山《たくさん》だ。ただ幹事長として次の世代がうまく交代できる道をつけたい」

彼のいう世代交代に多年の盟友竹下登へのバトンタッチがあったことは間違いないし、後日彼はそれを実現させた。

取り調べの刑事部長宅で「証拠」の名刺を飲み込む

金丸は大正三年、山梨県白根町に生まれた。家は造り酒屋。長男だが上に姉二人、あとに六人の弟がいた。旧制中学を卒業すると東京農大に入学した。「卒業はしたが表門から入って裏門から出てきたようなもの」といって苦笑していた。そのかわり柔道に打ち込み「農大に金丸あり」といわれるほどになった。

卒業後中学で生物の教師をしたが、召集を受けて入隊し満州に渡る。ところが連日の雨で水浸しになった塹壕《ざんごう》の中に一週間も漬かっていたため、胸をやられて内地に送還されそのまま除隊した。元気で転戦していたらソ連の参戦もありどうなっていたか……。

郷里に帰った金丸は、昭和二十八年の参院選で戦前の内務官僚広瀬久忠の選挙を手伝った。投票日の前日、二人の運動員が警察官の職務質問を受け金を配った相手の名前を書きとめた名刺を取り上げられる。二人は刑事から「この金はどこから出たか」と問い詰められ金丸の名を白状した。慌てた広瀬陣営は「どこかへ逃げていろ」といったが、金丸は「どうせ監獄に行くのなら思い切って芸者遊びをする」と言ってそのまま色街に繰り出していった。事務所が「とにかく出頭しろ」というので夜半過ぎ刑事部長の自宅に出頭した。

お茶を持ってきた奥さんに「酒が飲みたい」といって困らせ「ヤカンに酒を入れてお茶だといえばいいじゃないか」と屁理屈《へりくつ》をこね酒を持ってこさせた。刑事が「金を渡した者の名前を言え」というが言わない。しびれを切らし刑事が部屋から出て行ったとき、ふと見ると名刺が五枚置いてある。金丸はとっさにヤカン酒をがぶ飲みしながら名刺を千切って全部飲み込んでしまった。戻った刑事と「名刺はどうした」「知らん」の押し問答の末「証拠隠滅」で三年間の公民権停止処分を受けた。

三十三年の選挙で藤山愛一郎、安倍晋太郎、竹下登らと初当選、以後建設相（田中内閣）国土庁長官（三木内閣）防衛庁長官（福田内閣）幹事長（中曽根内閣）副総裁（宮澤内閣）と要職を歴任した。平成四年、ヤミ献金問題で副総裁、衆議院議員を辞任した。平成八年、脳梗塞《こうそく》で死去。八十一歳。

西村　英一

彼ほど清廉な政治家はいない

子供のころは祭りぐらいしかコメの飯を食べられなかった

西村英一は明治三十年、大分県国東半島沖の瀬戸内海に浮かぶ姫島という小島で生まれた。生家は半農半漁で暮らしを立てていたが、祭りのときぐらいしかコメの飯を食べたことがなかったという。

彼からこんな思い出話を聞いたことがある。「あるとき、島から陸軍士官学校に入っていた先輩が帰ってきて鉛筆というものを初めて見せられた。世の中にこんな便利なものがあるのか……と驚いた」

当時、島には旧制中学校がなかった。やむなく水産補習学校に入ったが、なんとしても中学校に行きたいと考え大分県に六つしかない中学校のうち、島から比較的交通の便がいい大分中学を受験し合格した。

このあと鹿児島の旧制七高に進み大学は一転して遠い仙台の東北帝大工学部に進む。なぜ仙台だったのか、土井晩翠はじめ本多光太郎、登張竹風ら名だたる教授がいたからという。

大学卒業後、鉄道省に入り、のち首相になる佐藤栄作と知り合う。運輸通信省を経て運輸省では鉄道総局電気局長で退官する。

〝姫島に帰って村長でもやるか……〟とぼんやり過ごしていたとき国会に出ないかと誘われる。昭和二十四年、吉田茂民主自由党公認で総選挙に出馬し一発で当選した。

もっとも官僚出身の彼は街頭演説など、どうしても理屈っぽくなるため当時、女子大を卒業したばかりの娘にまずしゃべらせ、そのあと本人が出て「いま娘が言った通りです」とやったら、これが意外に受けて当選してしまった。なんとも変な初陣である。

角さんに遠慮せず苦言「あれだけはヤメなさい」

その後、保守合同で自民党に参加、第二次池田内閣に厚相として初入閣、続く佐藤内閣で建設相、田中内閣で初代国土庁長官、福田内閣で行政管理庁長官を歴任した。

この間、党内派閥では佐藤（栄作）派から田中（角栄）派に移るが親分に対しても遠慮せずに苦言を呈し、それで結構まかり通っていた。本人から「角さんに〝あんたはゴルフのとき一万円札をキャディーに渡したり、料亭から出るときポケットから札束を出して仲居や従業員に片っ端から渡しているが、あれだけはヤメなさい〟と注意しているんだがなあ……」との述懐を聞いたことがあった。

西村は昭和五十四年、大平内閣で自民党副総裁になった。しかし大平が急死し、自分もそのあとの総選挙でまさかの落選をしてしまう。

ただ、自民党副総裁として大平首相亡きあと総裁職務代行を務め、後継総裁選任を任された。彼は昭和五十五年の両院議員総会で鈴木善幸を推挙し鈴木内閣がスタートした。

同年十一月、副総裁の任期を終え引退を表明した。だが後日彼はこう言っている。

「落選しなければ私は今でも政治家を務めていただろう。ある時期がきたら引退し悠々自適の生活をしようなどとは露ほども考えていなかった。生涯政治をやるつもりだったし、政界に骨を埋める覚悟だった」

だが、実際には再帰することなく昭和六十二年、九十歳で亡くなった。

佐藤栄作が「彼ほど清廉な政治家はいない」と言っていた。西村の自宅は東京都目黒区の東横線学芸大学駅から歩いて十分くらいのところにあって、記者時代、私の住んでいた家までの途中だったのでよく前を通り、たまには立ち寄って話を聞いたこともある。

役人時代からそのままという古ぼけた木造家屋で玄関の戸などもガタピシしていて乱暴に開けると壊れるのでは……と思うほどだった。

田村　元
国会往復は夜行列車の三等車

ザックバランな人柄で〝タムゲンさん〟と呼ばれる

田村元は大正十三年、三重県松阪市に生まれた。父は弁護士だったが昭和十七年、戦時中の翼賛選挙で衆議院議員になっているから、いわゆる二世議員である。彼は昭和二十八年三重二区から立候補するが落選、二年後の昭和三十年、三十歳のとき再度立候補して当選し、当時最年少の議員となった。

明るくザックバランな人柄で、同僚議員や新聞記者から〝タムゲンさん〟と親しまれていた。最初の選挙のとき奥さんに〝七十歳までは政治をやらせてくれ。七十過ぎたらお前のところへ帰るから〟と約束したそうで、本当に七十一歳になるところで政界を引退してしまった。そのとき「元気でいられるのもあと十年だろう。その十年を女房と一緒に誰にも遠慮することなく健康で自由な生活をしたい」といっていた。

彼はよく政界を志したころを振り返って「自由党から共産党まで考え方や政治事情は違

うが全国焼け野原となった日本、四等国に落ちぶれた祖国をどう再建するかで燃えるような情熱を燃やしたものだ」と語っていた。

また、いまの政界では想像もできないような、当時の政治家の赤裸々な生活ぶりも話してくれた。

「僕は選挙区三重と国会のある東京との往復は必ず夜行列車に乗った（もちろん新幹線もなかった）。当時は、国会議員も普通乗車券以外はすべて自分で払わなくてはならなかった。昼間だと〝つばめ〟や〝はと〟の特急は三等車の特急券が七百二十円、二等車が一千四百四十円、一等車は二千百六十円だった。もったいないから寝台車にも乗らず一番安い夜行の三等車に乗ったのだ。

乗るときに折りたたみ傘に空気枕と鼻緒をとってある下駄《げた》の片一方の三点セットを必ず持っていた。三等車の座席のひじ掛けのところにその下駄の片方を差し込んで高くし、半分くらい空気を入れた空気枕を縛り付けると斜めになって寝ても首が痛くないからだ。で、ポケットからウイスキーの小瓶を出し、ちびりちびりやりながら東京あるいは選挙区に帰る。それがわれわれ若い代議士の普通の旅行だった」

金に対し羞恥心を持て恥ずかしく思うことするな

「そのころ接した吉田（茂）さんとか鳩山（一郎）さん、緒方（竹虎）さんといった党の幹部は一年生、二年生代議士のわれわれには近寄りがたい感じがして、国会の廊下ですれ違う際は脇によって頭を下げたものだ。相手は会釈もしてくれなかったが……。今はそうじゃない。総理が来ても頭を下げるような若い代議士はほとんどいなくなった」

田村は若いころは大野（伴睦）派に属していたが大野の死後は村上（勇）派、水田（三喜男）派と、その後継派閥を渡り歩いた末、田中（角栄）派に入る。昭和四十七年、第一次田中内閣で労働大臣、五十一年、福田内閣の運輸大臣、六十一年、田中が脳梗塞で倒れた後、竹下派に入り第三次中曽根内閣で通産大臣、引き続き六十二年、竹下内閣でも留任、平成元年、衆議院議長に選ばれる。

平成八年の衆議院選挙には前述のように出馬せず引退したが、この間連続当選十四回。

私が聞いた若い政治家への忠告。

「いまの代議士は無気力で何を目的にしているか分からない。もっと政治に情熱を燃やし真面目にやれ、そしてお金に対し羞恥心《しゅうち》をもて。振り返ってわが身を恥ずかしく思うようなことだけはするな」

伊東　正義
後継首相を断った会津っぽ

戦災で大平の家に同居　政界でも一心同体に

「僕は河野一郎さんから〝政治をやるならオレの派閥から出ないか〟と誘われたことがあるんだよ」――伊東と雑談していたとき彼が笑いながらこう言ったことがある。

河野は伊東が池田勇人直系の大平正芳の盟友であることを知りながら、衆議院に出るらしいと聞くと早速、自分の派閥に入れようとしたわけだ。政権奪取にかける河野のすさまじい執念を感じた。

もっとも河野は伊東から「池田派から出ることにしましたから」と言われ、あっさりあきらめた。そして伊東は、大平の兄貴分に当たる池田勇人率いる池田派に入ることにし、池田に正式に出馬の挨拶に行った。池田は「君は池田派というより大平派だなあ」と笑っていたという。

伊東は戦前、東京大学を卒業後、農林省に入ったのち満州の興亜院に出向した。そこで机を並べていたのが大蔵省から出向していた大平正芳である。伊東は敗戦で満州から引き揚げてきたが、東京は戦災でほとんど焦土と化し住む家がない。そこで、当時としては比較的ゆとりのある家に住んでいた大平のところにころがり込み、以来約二年間そこから復職した農林省に通った。もともと親しかった上に、二年間も同じ屋根の下で暮らしたのでいっそう親密な関係になった。これが後々政界でも一心同体ともいわれる二人の関係に結びついていく。

「本の表紙だけを変えても中身を変えなければダメ」

ところで伊東の復職した農林省では、農相として河野一郎が辣腕《らつわん》をふるい長年にわたり強い影響力をもっていた。しかし、会津っぽで反骨精神旺盛な伊東は河野にもこびることなく、ときにはタテついたりしたので左遷、冷や飯を食ったこともある。だが河野は〝気骨があり役人より政治家向き〟と見ていたらしく、伊東が衆議院に出ると知ると前述のように自分の派閥へ引き入れようとしたようだ。

政界に入った伊東は佐々木義武（通産相）、斎藤邦吉（幹事長）と大平を囲む参謀三羽烏といわれたが、一人だけなかなか入閣できなかった。しかし、大平内閣ができると官房長官となり大平が中国を訪問した際の首相臨時代理……と急ピッチで後れを取り戻した。

その大平が衆議院を解散し、選挙戦の最中に倒れ入院した際、首相臨時代理となった。ただ、周りがいくら勧めても首相執務室には絶対入らず官房長官室で執務し閣議の際も首相席には座らなかった。それほど謙虚で大平との友情を大事にしたのである。大平が急死したあと、後継の鈴木善幸内閣で外務大臣を務めた。だが鈴木首相が「日米同盟は軍事同盟ではない」と発言したため、伊東は見解を異とするとして外相を辞任したとされる。

彼が住んでいた東京都世田谷区の自宅に数回行ったことがある。約百坪ほどの敷地に義弟との棟続きトタン葺《ぶ》きの質素な木造二階家が建っていた。国会議員になって一度も資金集めのパーティーをしなかったというのも彼らしい。

酒が強く斗酒なお辞せずで、酔うと出身地会津の「白虎隊」をよく歌った。あとはところかまわず寝てしまう。バンカラで役人時代から国会議員になってからもズボンのベルトに手拭いを通して垂らす「腰手拭《ぬぐ》い」が彼のトレードマークだった。

竹下内閣時代、リクルート事件で有力者が次々と疑惑を受け政治の表面に出られなくなったとき、誰が見ても清貧でリクルートとは縁のなさそうな伊東が後継首相の候補にあがった。だが伊東は延々と数時間にわたって口説かれても「本の表紙だけを変えても中身を変えなければダメだ」と固辞し続けた。平成五年政界を引退、翌六年没。八十歳だった。

赤城　宗徳
権力になびかず東条退陣を実現

戦後、茨城で農作業していた「赤城さんのイモ掘りゴルフ」

赤城宗徳は昭和三十二年に岸内閣の農相として初入閣、以後官房長官、防衛庁長官、続く池田内閣でも党総務会長（二期）、農相（二期）、さらに佐藤内閣で農相、政調会長……と十年余の間ほとんど出づっぱりで党、内閣の要職を歴任した。この間、私も取材の一線にいたので赤城とは頻繁に顔を合わせた。

彼は池田内閣時代、副幹事長として池田を支えていた鈴木善幸（のち首相）とウマが合ったようで、休日になるとよく一緒にゴルフをしていた。二人と親しかった私にも声を掛けてくれ、楽しくプレーをさせてもらった。

赤城は生家が大地主だったが戦後の農地解放でそれをほとんど手放し、一時期残ったわずかな土地で自作農をやっていた。本人によると当時は、実際に肥桶《こえおけ》を担いで農作業をしていたそうだ。赤城のゴルフはそんな過去から、クワで土地を耕す格好を連想させると仲間たちに「赤城さんのイモ掘りゴルフ」と笑い話のタネにされていた。熱心な割に腕は上がらず、本人も「ハンディはベストで二十二になっているが大体ハーフ六十ぐらいたたくから、仲間内のコンペでも僕はいつもビリッケツ」といって笑っていた。

彼は昭和二年、東大を卒業しながら官途につかず大企業にも就職せず、生まれた茨城県上野村（現・筑西市）の村長になった。戦時中、衆議院選挙に出馬し当選するが、権力になびかず鳩山一郎が主導した反東条の動きに加わり十九年、東条退陣を実現させる。さらに二十年、当時所属していた体制派の翼賛政治会を脱会、三十二人の同志と岸（信介）新党といわれた護国同志会に入る。以後、岸と強い連帯感でつながるようになった。

安保デモに出動は「自衛隊が国民の敵になりかねない」

戦後、公職追放を受けるが解除後の昭和二十七年、衆議院選挙に自由党公認で立候補し当選、その後吉田政権打倒に動く。二十九年、戦時中の縁もあり鳩山一郎を総裁とする日本民主党に加わり、三十年の保守合同で自由民主党に参加、岸派に所属した。

岸内閣時代、安保改定をめぐり数万人のデモが国会、首相官邸、岸私邸を取り囲み日本中が騒然とした状態になると、岸から自衛隊の出動を打診された。だが赤城は「そうすると自衛隊が国民の敵になりかねない」と反対、岸もあきらめた。

赤城のもう一つ忘れられない思い出がある。私が昭和三十九年からモスクワに特派員で行っていたとき、佐藤内閣の農相だった彼が日ソ漁業交渉のためソ連にやってきた。交渉が一段落したとき、ソ連側が赤城をレニングラード（現・サンクトペテルブルク）に招待した。「アンタも一緒に行こうよ」といわれ同行の秘書官、通訳の今井大使館参事官とモスクワ発の超特急寝台車で出掛けた。車中、大使館差し入れの日本酒を飲みながらにぎやかに過ごした。

レニングラードではエルミタージュ美術館など名所を案内されたあと、ソ連政府専用のクルーザーでキャビアなど豪華な食事を楽しみながら海に出た。ウオツカとワインで乾杯が繰り返され、赤城も上機嫌で杯を重ねていた。ころ合いをみてソ連側が「お互い余興をやりませんか」という。赤城は大乗り気で早速「最初は僕が歌うから清宮君も何かやってくれ」と。そしてすぐに大声で歌い始めた。ただし民謡なのか小唄のたぐいなのか、さっぱり分からない妙な歌で、出だしは「姐《ねえ》さん赤い腰巻きを……」という文句ではじまった。

苦労したのは通訳の参事官だ。モスクワ訛《なま》りとレニングラード訛りを使い分けるほどロシア語に堪能な人だったが、後日「あの通訳には参ったよ」と言っていた。そのあと「清宮君たのむ」といわれ、下手な踊りを踊った。今でもあのときの赤城の楽しそうな顔が浮かんでくる。

平成二年、政界を引退。同五年没。八十八歳。

野村　吉三郎

憲法改正と再軍備は必要

米海軍次官時代のルーズベルトと友情の絆

野村吉三郎は海軍大将、学習院長、外務大臣、駐米大使、参議院議員――と多彩な経歴を持つ。昭和二十七年三月、公職追放解除になったが、私は事前の情報でそのことを知り東京・田園調布の自宅を訪ねた。二年前、四十年の好伴侶として人生を共にした秀子夫人を亡くし、寂しい独り暮らしだったが、初対面にもかかわらず、にこやかに迎えてくれた。寒い日だったのですすめられるまま一緒にコタツに入り、日本の現状を中心に感想や意見を聞いた。

「日本はこれから憲法改正と再軍備をする必要がある」と穏やかな口調の中に強い意志を込めて語ってくれた。昼時になったので帰ろうとしたら「僕もこれから昼ごはんを食べるから一緒に食べよう」といって、年配のお手伝いさんに用意させ「煮込みうどん」をご馳走《ちそう》になった。

野村は明治十年、和歌山県に生まれた。海軍兵学校を卒業後、海軍軍人の道を進む。若い士官時代、同僚が口うるさい先輩士官から「甲板にゴミが落ちている」と文句を言われると、「こんな大きな軍艦にゴミの二つや三つあるぐらい当たり前じゃないか」と威勢よくかばったという。その後、日露戦争では乗っていた巡洋艦が撃沈され、海上に浮かんでいるところを助けられ九死に一生を得ている。

その一方、明治三十四年、戦艦三笠（日露戦争時の旗艦）引き取りのためイギリスに行ったのをはじめオーストリア、ドイツ駐在を経てアメリカ大使館付武官、パリ講和会議、ワシントン軍縮会議全権団随員など海外経験が豊富だった。

アメリカでの武官時代は大いに金を使って一流ホテルやバーに出入りし多くの有力者と交際した。そのうちの一人が、当時海軍次官でのちアメリカ大統領になるフランクリン・ルーズベルトである。二人は年もほぼ同じで、互いに胸襟を開いて語り合い意気投合、友情の絆《きずな》を結んだ。

昭和七年、上海事変が停戦となり四月二十九日の天長節の式典に第三艦隊司令長官として出席したが、そこに手榴弾《しゅりゅう》が投げ込まれ白川義則大将が死亡、重光葵公使は片脚を失い、野村も顔面その他を負傷、右眼を失い義眼となった。ただ、非常に精巧につくられていたようで、戦後会ったときも眼鏡をかけていたせいかそれとわからぬほどだった。

駐米大使に起用されて日米開戦回避に努めたが

その後、海軍大将となり昭和十二年、学習院長を務めた。当時の生徒によると体躯《たいく》堂々、話の中に英語がさかんに出てきたという。ジャパンタイムズにいた先輩によると、戦後はよく同社を訪ね英字紙を読んで世界の動きを知るとともに米語を熱心に仕入れ、それを克明にノートしていたそうだ。昭和十四年、阿部（信行）内閣の外務大臣を務めたあと、ルーズベルト大統領やフーバー元大統領など米要人に知己が多いということが考慮され駐米大使に起用された。

十六年二月、ワシントンに着任、親任状を提出したあと、ルーズベルトは「自分は日本の友であり君はアメリカをよく知っている。いまや両国の関係は悪化しているが、今後自分はいつでも喜んで君と面会するだろう」と語り親愛の情を示した。以降十カ月の間に、野村はルーズベルトと九回という異例の頻度で会談を重ね、ハル国務長官とは五十回近く会って戦争回避に努力した。だが、当時の日本政府は対米強硬路線を崩さず結局、開戦を迎えることになった。十一月二十九日、ルーズベルトは最後の会談で「これまで日本の指導者から何ら平和的言葉を聞くことができなかった。これがこの交渉を非常に困難にした」と残念そうに語ったという。

野村は追放解除後の二十八年、同郷の松下幸之助に請われて松下傘下の日本ビクター社長となり、翌二十九年、参議院の補欠選挙に郷里の和歌山から出馬し当選した。その後、自由民主党参議院議員会長に選ばれる。鳩山、石橋内閣では党の有力者の間から防衛庁長官に推す動きがあり、かなり有力視されたが〝国務大臣は文民でなければならない〟という憲法の文民条項を持ち出し、反対する者がいて実現しなかった。

三十四年、参院選に再出馬して当選。党外交調査会長に就任している。三十九年五月、八十六歳で亡くなったが、このときの葬儀に米海軍は陸戦隊を参列させ弔銃を撃って弔意を表した。

あとがき

この本の上梓をすすめてくれた善本社前社長の山本三四男氏は九十歳をすぎた今も矍《かく》鑠《しゃく》としておられる。これまでに「ブレジネフのアパート」「盛田昭夫・竹下登・フルシチョフ―指導者達の素顔」「輝く日本に―十人の先導者」と三冊の出版を手掛けてもらったが、今回は社長を継いだ娘さんの手塚容子さんが親譲りの頑張り屋でどんどん作業を進めてくれた。つくづく人間の縁というものを感じている。

平成二十二年六月

清宮　龍

素顔の首相と大物政治家　戦後篇

平成二十二年八月十一日　初版第一刷発行

著　者　清　宮　龍
発行者　手　塚　容　子
印刷所　善本社事業部

〒一〇一-〇〇五一　東京都千代田区神田神保町一-八
発行所　株式会社　善　本　社
TEL　(〇三)三二九四-五三二七
FAX　(〇三)三二九四-〇三三二

ISBN978-4-7939-0454-7　C0031

清宮　龍　著

善本社刊

輝く日本に・十人の先導者

既刊

盛田昭夫・竹下　登・フルシチョフ

既刊